Les pierres de Florence

Mary McCarthy

Les pierres de Florence

Traduit de l'anglais (États-Unis)
par Alain Defossé

Petite Bibliothèque Payot/Voyageurs

Titre original :
The Stones of Florence

Ce livre a paru pour la première fois
en français en 1994 aux Éditions Salvy.

NOTE DE L'AUTEUR

À Roberto Papi

Les Florentins m'assurent que les Florentins sont mesquins, inhospitaliers ; dans ce livre, les croyant sur parole, j'ai cité les exemples qu'ils m'ont donnés de cela. S'ils ont raison, tous ceux que j'ai été amenée à connaître, qu'ils soient florentins de naissance ou non, sont des exceptions. La liste de ces derniers et la somme des dettes que j'ai envers eux constitueraient un petit chapitre en soi, et je ne citerai que ceux qui m'ont aidée directement pour la rédaction de ce livre. Tout d'abord, Roberto Papi et sa femme Vittorina; leur gentillesse immédiate, leur générosité pleine de finesse, seraient évidentes même au paradis, parmi les anges. Mon affection et mes remerciements vont aussi à Aldo Bruzzichelli, miss Nicky Mariano, le Dr Hanne Khiel, la signora Titina Sartori, la comtesse Christina Rucellai, le professeur Ulrich Middeldorf, Bernard Berenson, le révérend Victor Stanley, et Sabatina Geppi.

Merci, enfin, à la ville de Florence, et à tous les Florentins passés et présents. Je partage l'opinion de ce pape qui les appelait le cinquième élément.

Le lecteur, j'espère, me pardonnera quelques inexactitudes dans la description de la Florence contemporaine. Les changements incessants de la ville moderne prennent toujours l'auteur de vitesse.

Mary McCarthy

CHAPITRE PREMIER

« Comment pouvez-vous supporter cela ? » Voici la première chose que veut savoir le voyageur de passage à Florence, en été, et la dernière également – question eschatologique qu'il laisse planer dans l'air, tandis qu'il file vers Venise. Par « cela », il veut dire le bruit, la circulation, la chaleur, et quelque chose d'autre aussi, une chose qu'il hésite à formuler, en pensant de nouveau au ravissement qu'il a connu jusqu'alors : le fait que Florence lui apparaît ennuyeuse, terne, provinciale. Les gens qui connaissent un peu la ville la comparent à Boston. Elle est pleine de banques, de sociétés de crédit, de compagnies d'assurances, de boutiques proposant sets de table, napperons et sous-mains de cuir repoussé. Les Raphaël et les Botticelli des musées ont été mille fois copiés ; l'architecture et la sculpture évoquent les souvenirs de manuels scolaires. Pour le goût contemporain, il y a trop de Renaissance à Florence : trop de *David* (copies de l'immense nu blanc de Michel-Ange, sur la Piazza della Signoria et le Piazzale Michelangelo, l'original se trouvant à l'Accademia), trop de pierre patinée, trop de terre cuite vernissée, trop de Vierges à l'Enfant. Dans les mornes cafés de la Piazza della Repubblica (gratifiée d'un parking en son centre), des femmes solides, vêtues de tenues pratiques, prennent le thé, et de vieux messieurs à canne lisent le journal. Au Mercato Nuovo, on trouve des fleurs également solides et pratiques, sans élégance, comme les zinnias et les dahlias, ainsi que des fourre-tout de paille tressée, des carnets et des cabas. Le long de l'Arno, non loin du Ponte Vecchio, de vilains immeubles modernes se dressent là où sont tombées les bombes allemandes.

Naples offre un goût compréhensible pour le palais du voyageur contemporain, même s'il ne le partage pas. Venise également, il comprend... Rome... Sienne. Mais Florence ? « Plus personne ne vient par ici », déclare le vieux Berenson avec un rire grinçant, dans sa villa de Settignano, et les rares pas, dans le Bargello, lui font écho ; personne, ou presque, n'y vient plus. Le grand hall voûté semble rempli de fantômes de marbre : San Giorgio, San Giovanni, San Giovannino, dieux et gardiens défunts de la ville. Les gardiens vivants, en uniforme, qui demeurent en faction devant les œuvres de Donatello, Desiderio da Settignano, Michelozzo, Luca della Robbia, Agostino di Duccio, sont atteints de logorrhée verbale, comme les solitaires ou les prisonniers : quand ils tombent sur un rare visiteur (généralement un historien d'art), ils ne le lâchent plus. La Galerie des Offices, au contraire, est envahie par des hordes barbares venues du Nord, des escadrons de touristes en short, sandales ou chaussures de marche, lestés de gamelles métalliques et d'appareils photo, empestant la sueur et l'huile solaire, que les guides mènent en troupeau pour leur faire contempler *Vénus sortant des eaux*.

« *Il Diluvio universale* », remarque un Florentin avec tristesse, jouant sur le titre de la fresque de Paolo Uccello. Il n'y a là nulle contradiction. Le « Plus personne ne vient par ici » n'est rien que l'autre face de la médaille, le corollaire de ce phénomène du tourisme de masse – le déluge universel. On se rue en masse, et le touriste exigeant a disparu. Presque plus personne ne vient voir le *David* de Donatello, au Bargello, première statue de nu de la Renaissance, ni le *Saint Georges* ou le *Saint Jean l'Évangéliste*, de Donatello également, ni la *cantoria* d'enfants dansant au musée de l'Œuvre du Dôme, tandis que Michel-Ange et Cellini, sans aucun doute à cause de leur côté vaguement « indécent », attirent des foules d'amateurs de curiosités. Florence gratte le fond de barrique du tourisme. Et la présence de ces foules impavides, avec leurs guides polyglottes, à la Galerie des Offices, au palais Pitti, autour des portes du Baptistère et des tombeaux des Médicis, dans la cellule de Savonarole et la cour du Palazzo Vecchio, est un autre de ces « désagréments », ainsi que les appelaient les Victoriens, qui ont rendu Florence intolérable et, plus encore, incompréhensible à qui lui vouait autrefois une passion. « Comment pouvez-vous supporter cela ? »

Florence est une ville masculine, or les villes d'art qui parlent à la sensibilité contemporaine sont féminines, comme Venise et Sienne. Ce qui irrite le touriste moderne, chez elle, c'est qu'elle ne fait aucune concession au plaisir. Elle est là, campée sur ses quatre pattes, directe, sans mystère apparent, sans flatter, sans se parer – quasiment aucune dentelle gothique, aucune volute baroque. Contre le vert de l'Arno, l'alignement ocre et brun des hôtels et des palais a l'aspect soigné et sévère d'un régiment en ordre de manœuvre. Les nuances profondes de melon, de mandarine que l'on peut voir à Rome, les roses de Venise, le rose de Sienne ou le rouge de Bologne sont interdits de séjour à Florence, comme par arrêté municipal. L'œil passe du moutarde, chamois, écru, jaune pâle, crème, à l'austère marbre noir et blanc du Baptistère et de la façade de Santa Maria Novella, ou au vert sombre rehaussé de blanc et d'or éclatant de San Miniato. Sur le Dôme et sur le campanile de Giotto, ainsi que sur la façade victorienne de Santa Croce, quelques touches de rose, qui leur donnent un curieux air de fête, comme s'ils s'étaient habillés pour sortir. Cette sévérité générale se retrouve même dans l'oiseau noir et blanc qui symbolise la ville, l'hirondelle, la célibataire, comme le disent les Florentins, dans son costume de cérémonie.

Les grands sculpteurs et architectes qui ont laissé leur empreinte sur la ville, lui donnant son visage, son style – Brunelleschi, Donatello, Michel-Ange – étaient tous célibataires. Moines-soldats, saints, prophètes, ermites, tels furent ses héros. Saint Jean-Baptiste, dans ses haillons de peau de bêtes, se nourrissant de sauterelles et de miel, en est le patron et, en dehors de la Madone, les saintes comptent peu dans l'iconographie florentine. Sainte Réparate, petite sainte syrienne, autrefois patronne de la cathédrale, s'est vue remplacée par la Madone (Santa Maria del Fiore) au début du XVe siècle. Marie-Madeleine, pénitente, errant dans le désert, fut l'une des rares images féminines, à part la Madone, à frapper l'imagination florentine ; sa silhouette décharnée, sculptée par Donatello, se dresse dans le Baptistère : effrayante figure de bois, enveloppée de sa chevelure flottante qui lui fait comme une barbe, de sorte qu'au premier regard, elle semble un homme, et au second, presque une bête. Une autre de ces Marie-Madeleine chevelues, celle de Desiderio da Settignano, se trouve dans l'église de Santa Trinità. Comparables à ces étranges créatures du désert, beaucoup d'artistes florentins étaient connus pour leur curieux ascétisme : Paolo Uccello, Donatello, Piero di Cosimo, Michel-Ange, Pontormo. Alors qu'il réalisait une statue du pape Jules II, à Bologne,

Michel-Ange, bien que d'une nature peu sociable, dormait avec ses ouvriers, à quatre par lit ; et à Rome, écrivait-il, ses quartiers étaient trop sordides pour qu'il pût y recevoir qui que ce soit.

Aujourd'hui, beaucoup de palais florentins sont parfaitement confortables, et possèdent de charmants jardins, mais vus du dehors, ils se dressent, rigides, comme autant de forteresses ou de donjons et, au regard du touriste, leurs murs épais, leur aspect austère, évoquent le contraire même de l'hospitalité. Depuis le Grand Canal, les palais vénitiens, par leurs fenêtres ouvertes au soleil, laissent entrevoir des lustres étincelants et des plafonds peints, et le visiteur le plus dénué de sensibilité n'aura aucune peine à imaginer les grands bals, les jeux et les galanteries qu'abritaient ces salons magnifiques. Les palais florentins, au contraire, dissimulent leur vie privée comme des avares, ce que les Florentins, d'ailleurs, ont la réputation d'être. Ici, les faits et gestes de chacun ne sont pas exposés ; quelque loi somptuaire, tacite, semble gouverner ce que l'on montre de soi-même. La fameuse élégance florentine, qui attire les touristes vers les boutiques de la Via de' Tornabuoni et de la Via della Vigna Nuova, se caractérise par la simplicité, l'austérité des lignes, l'absence d'effet. Dans cette ville sévère, la règle du *nihil nimis* prévaut. Une mendiante, installée devant le Palazzo Strozzi, et qui se voit offrir l'aumône, pour la deuxième fois de la journée, par un Florentin étourdi, refusera : « Non. Vous m'avez déjà donné. » La pauvreté possède sa propre étiquette ; on réprouve le gaspillage. C'est une ville endurante, une ville de pierre. Une chose que les étrangers remarquent souvent, non sans surprise, est l'amour que ressentent les Florentins pour leurs pauvres, car les pauvres sont la quintessence de Florence – avares de mots, frugaux, pessimistes, « bizarres », désabusés. *« Pazienza ! »*, voilà leur réaction permanente, accompagnée d'un haussement d'épaules, et si vous leur demandez comment ils vont, la réponse sera *« Non c'è male »*. « Pas si mal. » À l'annonce d'une bonne nouvelle, ce sera *« Meno male »*, littéralement, « moins mal ». Ces gens sont habitués à la dureté, laquelle commence avec le climat redoutable et la surpopulation.

Le pire, c'est en été. La vallée de l'Arno est un four naturel, dans lequel mijote la ville, presque sans trêve, durant les mois de juillet et d'août. Venise a la mer ; Rome, ses fontaines et sa brise ; Bologne, ses arcades ; Sienne est en hauteur. Mais le cœur minéral de Florence ne connaît aucun soulagement. D'aucuns prétendent qu'il fait un peu plus frais à Fiesole, ou près du jardin Boboli, mais ce n'est pas vrai, ou du moins pas assez vrai. Pour les gens de la rue et les touristes, les églises constituent le seul refuge possible, avec l'Upim, le grand magasin local (entreprise milanaise), lequel possède l'air conditionné, ou bien la piscine glacée, entourée d'un jardin de fleurs, du Tennis-Club des Cascine, dont les touristes n'ont guère connaissance, et que la population, en général, n'a pas les moyens de fréquenter. Il fait trop chaud pour se promener au jardin Boboli avant le coucher du soleil, heure de sa fermeture. Dans certaines villes d'Italie, les musées offrent quelque fraîcheur, mais la Galerie des Offices, avec ses petites salles et ses longs couloirs vitrés, est un étouffoir, et le Pitti déploie ses ailes sur une cour de gravier sur laquelle le soleil darde, comme un sombre et immense lézard volant immobile dans la chaleur accablante. À l'abri des stores et des volets, les habitants vivent une existence nocturne en plein jour, comme des chauves-souris, dans des pièces ombreuses, faiblement éclairées à l'électricité, pour le déjeuner. À sept heures du soir, un grondement sourd, comme un coup de tonnerre prolongé, parcourt la ville ; on remonte les stores, pour laisser pénétrer le jour à son déclin. Alors, arrivent les moustiques.

Pour le touriste, passé dix heures du matin, il fait trop chaud pour se promener, il est trop tôt pour faire la sieste après déjeuner, fenêtres fermées et stores de bois baissés, et il fait trop sombre pour lire, car l'électricité est chère, et l'unique ampoule qu'offrent la plupart des hôtels et pensions de Florence n'éclaire guère plus qu'une lumière votive. Ceux qui se risquent à visiter la ville découvrent les périls de la circulation. Les trottoirs ne sont que de simples bandes inclinées qui encerclent les bâtiments, au ras des façades ; pour croiser quelqu'un, vous devez prendre pied sur la chaussée ; et si vous reculez de quelques pas pour admirer un palais, vous avez toutes les chances de vous faire écraser. Une « excursion » dans Florence, comme le disent les vieux guides, est aujourd'hui l'idée la plus singulière qui soit. Nombre de monuments célèbres sont devenus littéralement invisibles, car il n'existe plus d'endroit d'où l'on puisse les contempler en toute sécurité. Se poster (ou essayer de demeurer debout) en face du Palazzo Rucellai, par exemple, ou d'Orsanmichele, constitue une gêne pour la circulation, et vous serez malmené par les piétons, les voitures d'enfant, les charrettes de livraison, tandis que les voitures vous klaxonneront aux oreilles. Conduire, c'est risquer de se transformer en assassin ; marcher, c'est risquer d'être assassiné. À pied, vous maudissez les autos et les scooters ; au volant, vous maudissez les piétons – surtout les vieilles femmes, les enfants, et les touristes, le nez plongé dans leurs plans et leurs guides.

Une rue « typique » de Florence – c'est-à-dire une rue qui abrite des lieux d'intérêt touristique (de vieux palais, un portail de Michelozzo, la chambre dans laquelle Dostoïevski a achevé d'écrire *L'Idiot*, etc.) – est non seulement extrêmement étroite, pauvre et surpeuplée, bordée d'échoppes de fleuristes et de marchands de légumes, qui étalent leurs denrées sur la vague bande qui sert de trottoir, mais sera également, dans la plupart des cas, une des principales artères de circulation. Aujourd'hui, la route qui vient de Sienne et de Rome, par exemple, demeure l'ancienne « voie » romaine, la Via Romana, qui commence à la vieille porte en arche, la Porta Romana (1326, fresque de Franciabigio sous l'arcade), se courbe vers le nord-est, passant devant les jardins de l'Annalena (ancien couvent) à sa gauche et la seconde porte du jardin Boboli à sa droite, puis l'église San Felice (façade de Michelozzo) à sa gauche, de nouveau, jusqu'au palais Pitti, où elle change de nom pour devenir la Via Guicciardini (ici est né l'historien), dépasse l'église Santa Felicita (*Déposition* de Pontormo, dans une chapelle de Brunelleschi), et continue vers le Ponte Vecchio, qu'elle traverse, changeant de nouveau de nom pour devenir la Via Por Santa Maria, puis Calimala, avant d'arriver au centre-ville. La circulation, Via Romana, est remarquablement « typique ». Le long des trottoirs étroits, progresse en file indienne un groupe de touristes suisses ou allemands, les jambes nues, chargés d'appareils photo et autre matériel divers, pendus en bandoulière par des courroies de cuir, un peu partout sur eux ; s'accrochant aux façades, avec leurs chaussures de montagne, ils donnent l'impression d'appartenir à un club de varappe. Ce sont les seuls piétons, cela dit, qui ne soient pas en danger de mort. À leur côté, défile un flot incessant, mêlé, d'êtres humains et de véhicules : voitures d'enfant entrant et sortant du jardin Boboli, vieilles femmes claudicantes venant de (ou allant à) l'église, charrettes de légumes, bicyclettes, Vespa, Lambretta, motos, *Topolino*, Fiat *seicento*, une caravane, une charrette tirée par un âne, venue de la campagne, qui livre des ballots de linge frais lavé avec des cendres, à l'ancienne manière, Cadillac, Alfa-Romeo *millecento*, Chevrolet, une Jaguar, une Rolls avec chauffeur, immatriculée à Florence, des groupes d'ouvriers râblés transportant des bureaux, miroirs et crédences (nous sommes dans le quartier des artisans), employés du service des Eaux éventrant le trottoir, deux touristes américains, avec plans et guides, enfants, artistes de la Pensione Annalena, employés de bureau, prêtres, femmes de ménage à cabas, s'arrêtant pour tâter les lapins non dépouillés qui pendent tête en bas à la devanture des volaillers, balayeurs (rangée d'hommes en bleu, à bicyclette, poussant une sorte de plate-forme à roulettes sur laquelle sont posées deux ou trois poubelles et un balai de branchages), deux jeunes garçons transportant une couronne funéraire en forme d'immense fer à cheval, gros cars de tourisme étrangers, avec des guides qui parlent dans un micro, camions chargés de bouteilles de Chianti, de cageots de salade, de poulets vivants, d'huile d'olive, camionnette de la Poste, télégraphiste sur sa bicyclette, qu'il gare sur la chaussée, marchand de tripes, avec une charrette vitrée pleine d'entrailles fumantes, énormes camionnettes Volkswagen marquées de l'inscription « U.S. Air Force in Germany », un motocycliste avec un fauteuil capitonné attaché à l'avant de son engin, un joueur d'orgue de Barbarie, des fiacres du palais Pitti. On croirait voir défiler, dans une seule rue, toute l'histoire de la locomotion occidentale ; un avion bourdonne dans le ciel ; il ne manque plus guère que la litière romaine.

Mais personne ne peut s'arrêter un instant pour contempler ce défilé, si ce n'est le gardien du jardin Boboli, qui demeure tranquillement assis sur sa chaise, toute la journée. Dans son havre de sécurité, il semble indifférent au tohu-bohu, au vacarme infernal, littéralement démoniaque. Les klaxons hululent, claironnent, criaillent ; les embrayages crissent ; les freins couinent ; les Vespa crachotent et pètent ; les pneus chantent. Aucune voix humaine, pas même à la radio, n'est perceptible dans cette Babel mécanique, amplifiée par les rudes parois de pierre des palais. Si la vallée de l'Arno est un four naturel, les palais sont des amplificateurs naturels. Le bruit, omniprésent, ne cesse jamais, toute la journée, toute la nuit. Loin dans les faubourgs, à quatre heures du matin, le bavardage exubérant d'une Vespa se mêle au chant du coq ; en ville, un travailleur matinal, faisant chauffer le moteur de son scooter, éveille une rue entière.

Chacun se plaint du bruit ; fenêtres ouvertes, personne ne peut parvenir à dormir. Les journaux du matin font état des protestations des propriétaires d'hôtel, qui déclarent que leurs établissements se vident : les étrangers quittent la ville ; il faut agir ; il faut promulguer une loi. Et, dans les hôtels, les changements de chambre sont permanents. Le 13 s'installe au 22, le 22 passe au 33, et le 33 au 13, ou à Fiesole. En réalité, toutes les chambres sont bruyantes, toutes les chambres sont étouffantes, même celles qui disposent d'un ventilateur électrique. Les propriétaires le savent, mais que peuvent-il y faire ? Afin de satisfaire la clientèle, ils participent avec empressement au ballet fallacieux des déménagements permanents. Si le client s'imagine être plus au calme, plus au frais dans une autre chambre, à quoi bon détruire ses illusions ? En vérité, à moins de quitter Florence, il n'y a rien à faire jusqu'à l'automne, quand alors on peut de nouveau fermer les fenêtres. Une loi existe bel et bien, qui interdit l'usage de l'avertisseur en ville, mais il est impossible de circuler dans une ville comme Florence sans klaxonner pour faire dégager les piétons.

Quant aux Vespa et Lambretta, plaies de l'aube, quelle loi peut-on inventer pour rendre leur moteur silencieux ? Les lecteurs des journaux du matin envoient des suggestions ; une réunion a lieu au Palazzo Vecchio, au cours de laquelle d'autres suggestions sont apportées : médailles du mérite aux conducteurs silencieux ; procès du gouvernement contre les fabricants ; brigade de police spéciale, la nuit, chargée d'arrêter les fauteurs de bruit de toute espèce ; décret pour imposer un certain type de silencieux, pour pénaliser ceux qui font « hurler » leur moteur, pour interdire aux scooters l'accès au centre de la ville. Cette dernière proposition reçoit un accueil enthousiaste ; c'est la seule qui soit assez draconienne pour susciter quelque lueur d'espoir. Mais l'association des propriétaires de scooters proteste immédiatement, et énergiquement (la proposition est « antidémocratique », et « discriminatoire ») et le journal qui mène la croisade contre le bruit en rabat instantanément, Florence étant une société démocratique, et les propriétaires de scooters le *popolo minuto* – petits employés, artisans et ouvriers. Il serait injuste, admet le journal, de pénaliser les conducteurs bien élevés pour le comportement de quelques « sauvages », et injuste également de ne prendre en considération que le centre-ville et l'aspect touristique des choses ; les habitants des faubourgs ont, eux aussi, le droit de dormir. De nouveau, on soulève l'idée d'une brigade assermentée, dotée de pouvoirs discrétionnaires, bien que son budget ne permette guère à la ville de se l'offrir. D'ici là, le journal ne voit pas d'autre solution que de faire appel à la *gentilezza* des conducteurs.

Ce qui, toutefois, relève de l'utopie : les Italiens n'ont aucun esprit civique. « Et si c'était *vous* qu'on réveillait à quatre heures du matin ? » – cette suggestion, si typiquement anglo-saxonne, qui consiste à essayer de mettre quelqu'un à la place de quelqu'un d'autre, suscitera chez un Italien cette réponse parfaitement réaliste : « Mais je suis debout, *moi.* » Un jeune Italien, sur sa Vespa, tôt le matin, ne se mettra jamais dans la peau de cet autre jeune employé de bureau italien qui essaie de dormir, et encore moins dans celle du touriste étranger ou du patron d'hôtel. Autant demander à une guêpe, d'où la Vespa tire son nom, de se mettre à la place de celui qu'elle va piquer. Le *popolo minuto*, en outre, *aime* le bruit, comme chacun sait. *« Non fa rumore »*, laisse tomber, non sans désapprobation, un jeune ouvrier florentin à qui l'on fait essayer un scooter anglais. « Il ne fait pas de bruit*. »

Toutes les propositions destinées à gérer les problèmes de bruit et de circulation, à Florence, sont des utopies, auxquelles personne ne croit, pas plus qu'on ne croit au Prince de Machiavel, image utopique du despote idéal. Ce sont des rêves, que l'on s'amuse à caresser : le rêve d'interdire *toute* circulation motorisée dans le centre-ville, pour en revenir au cheval et à l'âne ; le rêve d'un bienfaiteur (les Rockefeller ?) qui paierait à la ville un métro... Le professeur La Pira, maire chrétien-démocrate de Florence, a rêvé un jour de résoudre le problème du logement, autre difficulté de la ville : il a invité les sans-logis à s'installer dans les palais et villas désertés par les riches. Cet idéal chrétien se heurtant aux lois sur la propriété, les pauvres se virent bientôt expulsés des palais. Un autre rêve lui succéda, un rêve de modernité, celui d'une ville « satellite » éri-

* La municipalité a néanmoins fini par promulguer une loi établissant le couvre-feu pour les scooters dans le centre-ville, entre onze heures du soir et six heures du matin. *(N.d.A.)*

gée au sud-est de Florence, au milieu d'une forêt de pins parasols, destinée à loger les ouvriers de la ville, lesquels auraient à leur disposition des navettes qui les amèneraient le matin, les reconduiraient chez eux pour le déjeuner, puis les ramèneraient en ville, etc. Ce projet, qui évoquait vaguement quelque univers de science-fiction, fut également contrecarré ; un autre groupe de rêveurs – des professeurs, architectes et historiens d'art – s'éleva pour protester contre le massacre de la campagne toscane, faisant ressortir l'aspect irréalisable du projet, évoquant les routes et ponts impraticables, déjà engorgés. Une réunion eut lieu, à laquelle participaient d'autres professeurs et urbanistes venus de Rome et de Venise ; on prononça des discours enflammés ; on distribua des pamphlets ; les écologistes gagnèrent la partie. Entre-temps, La Pira, sous diverses pressions (il avait également rêvé de supprimer les chats errants de la ville), avait donné sa démission.

Mais l'échec de Sorgane, nom donné à la ville-satellite, ne constitue guère qu'un épisode parmi d'autres, dans cette guerre de factions dont la ville est le théâtre, rue par rue, immeuble par immeuble, pont par pont, comme les anciennes guerres des Noirs et des Blancs, des Guelfes et des Gibelins, des Cerchi et des Donati. C'est là une guerre incertaine, fluctuante, dans laquelle les belligérants sont également idéalistes, une guerre commencée au XIXe siècle, quand on gratifia le Dôme d'une nouvelle façade, dans le goût de l'époque, et que le centre de la ville fut modernisé, les vieux remparts détruits le long de l'Arno. Cette première victoire des forces du Progrès sur Florence est commémorée par un arc de triomphe sur l'actuelle Piazza della Repubblica, gravé d'une inscription selon laquelle la beauté de l'ordre nouveau a surgi de la misère passée. Cette inscription, aujourd'hui, fait naître un sourire amer sur les lèvres des Florentins, car c'est un exemple d'ironie involontaire : l'actuelle Piazza della Repubblica, avec ses publicités de néon pour un diurétique, est, chacun s'accorde à le dire, la plus laide d'Italie – un délire de grandeur nationaliste, réalisée à l'époque où Florence fut, brièvement, la capitale de l'Italie nouvelle. Elle constitue, en soi, un argument pour les traditionalistes, et leur a valu un certain nombre de victoires. Quoi qu'il en soit, les pins parasols de la colline de Sorgane ont encore bien des chances de disparaître, comme les arbres dans le dernier acte de *La Cerisaie*, si une autre solution n'est pas trouvée à la crise du logement, car Florence est une ville moderne, en pleine expansion – ce qui est, en partie, pourquoi le touriste délicat ne l'aime pas.

Une fausse idée de Florence est née au cours du XIXe siècle, à cause de Browning et de ses lecteurs, essentiellement – l'idée d'une Florence de cuir repoussé, précieuse relique du vieux monde. Les célibataires endurcis des deux sexes – bibliothécaires à la retraite, gouvernantes, dames aux ressources modestes, peintres amateurs, sculpteurs amateurs, poètes amateurs, anémiques et désœuvrés amateurs de tout poil – « tombèrent amoureux » de Florence, et s'y installèrent. La reine Victoria commettait des aquarelles sur les collines de Vincigliata ; les parents de Florence Nightingale la baptisèrent ainsi en l'honneur de la ville, où elle naquit en 1820 – il existe d'elle une sculpture plutôt mièvre, une lampe à la main, dans le premier cloître de Santa Croce. Au début de ce siècle, un colonel à la retraite, G.F. Young, de l'Armée des Indes, qui, dit-on, ne lisait pas l'italien, se posa en défenseur des Médicis et rédigea un « classique » quelque peu balbutiant, souvent réédité, prétendant que ceux-ci avaient été maltraités par les historiens démocrates. (On trouve, dans Tourgueniev, cette histoire d'un commandant en retraite qui pratiquait la médecine sur les paysans. « A-t-il étudié la médecine ? » demande quelqu'un. « Non, il fait cela par philanthropie », est la réponse. Ce qui était, de toute évidence, le cas pour le colonel Young.) C'était, typiquement, un de ces visiteurs anglo-saxons qui, en fait, ont exproprié Florence d'elle-même, s'installant dans les villas de Fiesole ou de Bellosguardo, étudiant les fleurs sauvages de Toscane, accumulant les histoires de fantômes, collectionnant triptyques et diptyques, enterrant leur chien dans le cimetière de l'église épiscopalienne, sans connaître (pour la plupart) d'autres Florentins que leurs domestiques. Les Browning, à la Casa Guidi, en face du palais Pitti, se gorgeaient d'histoire florentine, haïssant l'usurpateur autrichien qui habitait de l'autre côté de la rue, mais n'avaient aucun contact social avec les autochtones ; ils demeuraient entre eux. George Eliot passa une quinzaine de jours dans une *pensione* suisse de la Via de' Tornabuoni, travaillant consciencieusement sur le décor et le contexte de *Romola*, pastiche sentimental de l'histoire florentine, qui connut un grand succès à l'époque de sa parution, et est aujourd'hui le moins lu de ses romans. Tout cela sentait la bibliothèque, se plaignait Henry James, et l'idée de Florence que se faisait la colonie étrangère, comme dans *Romola*, était livresque, artificielle, exubérante, insulaire, maniérée et, par-dessus tout, possessive. Cet amour malsain (« notre Florence », « ma Florence ») de la part de résidents étrangers impliquait, comme tout amour, une résistance féroce à tout changement. Le reste du monde pouvait se transformer, mais, au regard jaloux du propriétaire étranger, Florence devait demeurer exactement semblable à ce qu'elle était quand il l'avait connue – une précieuse relique du vieux monde.

Florence n'a jamais pu être ainsi, à aucun moment de son histoire. Elle n'est pas un reliquaire du passé, et repousse toute tentative pour lui faire jouer ce rôle, tout comme elle repousse le touriste. Le tourisme, d'une certaine façon, est un sous-produit accidentel de la ville – à la fois profit et nuisance, ajoutant au bruit et à l'engorgement, faisant monter les prix pour la population. Florence est une ville industrieuse, un centre de commerce, un nœud ferroviaire ; elle produit des meubles (y compris des antiquités), des chaussures, des gants, des sacs à main, du textile, de la lingerie fine, des chemises de nuit, et aussi des nappes, des cadres, des bagages, des produits chimiques, du matériel d'optique, des machines, du fer forgé, et divers articles de paille tressée. Une grande partie de cette production vient des petites boutiques de l'Oltrarno, la Rive gauche florentine, ou des fermes du *contado* ; il n'existe guère de grosses industries, mais une quantité de petites activités, de petits commerces. Chaque vendredi est jour de marché sur la Piazza della Signoria, et les paysans descendent de leur ferme du Valdarno et du Chianti, les poches remplies d'échantillons de leur production : céréales, huile, vin, graines. Les petits hôtels, les restaurants bon marché sont bondés de voyageurs de commerce, de marchands de vins de Certaldo ou de Sienne, de représentants en textiles de Prato, de négociants en marbre de Carrare, où Michel-Ange se fournissait. Chacun s'affaire, achetant, vendant, livrant, et les touristes sont une nuisance, au milieu de ces multiples transactions. Les Florentins, dans l'ensemble, seraient ravis d'en être débarrassés. Les boutiquiers du Lungarno et du Ponte Vecchio, les propriétaires d'hôtels et de restaurants, les voleurs à la tire et les veuves qui tiennent des *pensioni* regretteraient sans doute leur départ, mais le touriste ne peut guère s'en douter.

Aucune ville d'Italie ne le traite avec une telle désinvolture, ni ne se donne aussi peu de mal pour le satisfaire.

Il n'existe pas de bar où l'on s'amuse, ni de café chic avec terrasse ; très peu de vie nocturne, très peu de vice. Au restaurant, la nourriture est la plupart du temps mauvaise, guère variée, et assez chère. Beaucoup de spécialités florentines – tripes, panse, lapin, et un mélange de crête, foie, cœur et testicules de coq – ne tentent guère le palais étranger. Le vin est parfois bon, mais pas nécessairement. Les serveurs sont négligents, toujours pressés ; comme beaucoup de Florentins, ils donnent ce sentiment d'avoir la tête ailleurs, d'être préoccupés par quelque chose de plus important – une question épineuse, un problème à résoudre. Dans un des restaurants « typiques », que recommandent les grands hôtels, les serveurs, tous de la même famille, traitent le client en intrus, feignant de ne pas remarquer sa présence, lançant les commandes vers les cuisines d'une voix sarcastique, posant les plats avec fracas, crachant par terre. « C'est à prendre ou à laisser », telle est l'attitude de la propriétaire de *pensione*, tandis qu'elle vous montre une chambre ; les *pensioni* les plus modestes pratiquent la retape auprès des touristes. Des factotums de ces établissements attendent sur la route les voitures immatriculées à l'étranger, juste avant l'entrée de la ville ; ils les forcent à s'arrêter, sautent à l'intérieur et ordonnent au conducteur de se rendre à une certaine adresse. Curieusement, le touriste obéit souvent, ne se présentant que plus tard à la police, quand on l'a volé dans ladite *pensione*. Ces fantômes des bandits de grand chemin de Dante ne sont pas les seuls à attendre ainsi l'étranger. Il y a quelques années, un des meilleurs restaurants de Florence fut fermé par la police, pour avoir escroqué un touriste. Les plaintes des étrangers, qui affluent quotidiennement à la *questura*, sont recensées chaque matin dans le journal : partout on les vole, partout on abuse d'eux ; leur voiture, garée sur la Piazza della Signoria ou le long de l'Arno, a été dévalisée en plein jour, ou s'est évanouie. La race nordique – Allemands, Suédois – semble être la victime de prédilection, et le vol d'un appareil photo le délit le plus courant. Mais d'autres étrangers sont aussi en butte à ces incidents ; telle cette Américaine âgée, belle-mère d'un écrivain, qui, se promenant Via Guicciardini, eut le privilège d'être heurtée simultanément par deux bicyclettes, par-devant et par-derrière (elle fut projetée en l'air et eut un bras cassé) ; il y a quelques années, des touristes britanniques furent blessés par une pierre tombée du Palazzo Bartolini Salimbeni (1517-1520), Piazza Santa Trinità. On finit par interdire la portion de trottoir devant ce bâtiment croulant, et on installa une lanterne de chantier et un panneau : Attention, chute de maçonnerie*. Récemment, en plein été, une pierre de soixante kilos tomba de la corniche de la Bibliothèque nationale ; un chauffeur d'autobus, et non un touriste, en l'occurrence, manqua de justesse de se faire tuer, mais il eut sa photo dans le journal.

Tout au long de l'été, ou tant que dure la saison touristique, la *Cronaca di Firenze*, nouvelles locales de *La Nazione*, cet excellent journal du matin, offre le compte rendu quotidien des malheurs survenus aux touristes étrangers, mêlé aux vols et escroqueries purement internes, aux accidents de voiture, conflits conjugaux, et appels pour la préservation des monuments. Le journal conspue les voleurs de Florence, qui lui valent une si mauvaise réputation, tout comme les fauteurs de bruit *(selvaggi)*. Il cherche à éveiller chez les lecteurs une plus grande

* Le palais a été restauré depuis. *(N.d.A.)*

compréhension de l'étranger, un plus grand respect pour ses habitudes alimentaires, vestimentaires, etc. Cependant, ce discours officiel n'est pas dénué d'une certaine ironie, typiquement florentine; c'est l'étranger, avec ses appareils photo et ses liasses de devises, qui apparaît comme le «sauvage», et non le voleur, qui agit de manière naturelle. Une série d'articles «bienveillants» sur le tourisme se vit illustrée de photos parfaitement malveillantes, montrant des groupes de touristes mastiquant leurs spaghettis ou pénétrant torse nu dans la Galerie des Offices.

Dans la rue, le Florentin répugne à vous indiquer le chemin; si vous êtes perdu, mieux vaut vous renseigner auprès d'un agent. Contrairement aux Vénitiens, les Florentins ne proposeront jamais de montrer quelque site intéressant à un étranger. Ils ne se soucient guère de vanter leur ville; les monuments sont là – on n'a qu'à les trouver. Cela ne constitue pas, non plus, une marque d'indifférence, mais une forme particulière d'orgueil, de dignité. Jamais on ne verra un sacristain florentin tourner un interrupteur pour illuminer une fresque ou un retable; ils semblent n'accorder aucune importance au pourboire. Dans la chapelle Brancacci, à Santa Maria del Carmine, des groupes de touristes attendent devant les fresques de Masolino-Masaccio-Filippino Lippi, chuchotant, mal à l'aise; ils tentent de trouver par leurs propres moyens où l'on allume la lumière; ils vont voir s'il y a quelqu'un dans la sacristie. Finalement, arrive en coup de vent un prêtre qui tourne le bouton et s'éloigne aussitôt, sa soutane flottant derrière lui. Même chose avec les fresques de Ghirlandaio, à Santa Trinità. Loin de rôder, l'œil aux aguets, comme le fait tout sacristain, attendant de pouvoir exhiber ses peintures, le sacristain florentin ne se manifeste pas avant l'heure de la fermeture, à midi, et se montre alors extrêmement actif, chassant les touristes de l'église avec force sifflements et mouvements menaçants de son balai. Si l'on peut trouver des cartes postales dans l'église, il n'y a en revanche généralement personne pour les vendre.

Au bout d'un moment, et si vous n'êtes pas pressé, ce manque d'esprit de coopération, cette absence, cette préoccupation, finissent par apparaître comme l'une des grâces de Florence, jusqu'à en faire même un lieu béni. C'est une des rares villes où il est possible de musarder tranquillement dans les églises, de contempler les œuvres d'art sans être dérangé. Après le vacarme de l'extérieur, les églises sont extraordinairement paisibles, et vous avancez sur la pointe des pieds, craignant de rompre ce silence, de perturber dans leur prière ces vieilles femmes devinées dans la pénombre. Vous pouvez passer une heure, deux heures, dans les grandes églises de Brunelleschi – Santo Spirito et San Lorenzo – sans que personne ne vous adresse la parole ni ne vous accorde la moindre attention. Les groupes de touristes en visite guidée ne pénètrent pas ici ; ils vont voir les Michel-Ange, dans les chapelles des Médicis. On ne visite guère les petites églises – Santa Trinità, Santa Felicita, Ognissanti, Santissima Annunziata, Santa Maria Maddalena dei Pazzi, San Giovannino dei Cavalieri ; pas plus que la chapelle des Pazzi dans le cloître de Santa Croce. Les magnifiques Giotto, récemment restaurés, dans la chapelle des Bardi de Santa Croce, toujours entourée d'un échafaudage branlant, ne reçoivent guère que la visite des critiques d'art, de leur famille et amis. San Miniato, sur sa colline, est trop éloigné pour la plupart des touristes ; c'est, comme ils le disent, l'église qu'ils ont ratée. Les grandes églises des ordres prêcheurs, Santa Maria Novella et Santa Croce, et le Dôme plus immense encore, où Savonarole prononçait ses sermons devant dix mille fidèles, avalent les groupes en une seule bouchée. Le touriste se plaint ensuite de se sentir « écrasé » par cette architecture qu'il trouve « froide », « hostile ».

Quant aux musées, ce sont les plus mal organisés, les plus mal fichus de toute l'Italie – un scandale, comme le disent eux-mêmes les Florentins, non sans une certaine fierté. La seule exception, le nouveau musée ouvert dans le vieux fort du Belvédère, avec ses murs clairs, ses espaces dégagés, ses salles fraîches où les œuvres ne se bousculent pas, est immédiatement devenu un sujet de controverse, comme les nouvelles salles de la Galerie des Offices, critiquées comme trop blanches et dépouillées.

Dans la rue, les célèbres monuments multicolores, avec leur ornementation géométrique – le Baptistère, le campanile de Giotto, le Dôme, la façade de Santa Maria Novella – sont fuligineux, souillés par les intempéries. On est, tout de même, en train de nettoyer le Dôme et le Campanile, mais c'est là une opération fastidieuse, qui dure depuis des années ; le temps que la façade soit propre, l'arrière sera de nouveau sale. En attendant, les marbres verts, blancs et roses demeurent dissimulés sous les échafaudages, autour desquels les voitures filent sans cesse en vrombissant. La Badia, l'ancienne abbaye des Bénédictins, où est inhumé le Bon Margrave, Ugo de Toscane (le *« gran barone »* de Dante), aujourd'hui en partie absorbée par un commissariat de police, prend l'eau si gravement que lorsqu'il pleut, le dimanche, les paroissiens sont contraints d'assister à la messe avec leur parapluie ; c'est ici que Dante voyait Béatrice, à l'office. Parmi les palais historiques encore propriétés privées, beaucoup, tel le Palazzo Bartolini Salimbeni, s'écroulent littéralement. La ville n'a pas les moyens d'entreprendre des restaurations ; la Soprintendenza delle Belle Arti n'a pas d'argent ;

les propriétaires privés disent qu'ils n'en ont pas non plus.

La Florence historique est un cauchemar récurrent, pour sa population actuelle. C'est comme une immense propriété familiale impossible à entretenir pour les héritiers, qui se voient néanmoins accusés par les étrangers de la laisser aller à vau-l'eau. À Venise, l'histoire est devenue légende ; à Rome, la Ville éternelle, l'histoire est un éternel présent, une perspective parfaite d'arcades remontant des papes à César, avec l'aval de la papauté pour assurer une permanence et une continuité dans l'avenir – le délabrement n'étant qu'un aspect de la noblesse du Temps. Dût-on laisser la basilique Saint-Pierre tomber en ruine, elle continuerait d'inspirer le respect et la vénération, tout comme le Forum, tandis que le délitement des palais vénitiens, reflété dans le clapotis des canaux, fait partie du mythe de la ville, célébré par Guardi et Bellotto dès le XVIIIe siècle. Rome a eu Piranèse. Naples a eu Salvatore Rosa. Mais le délabrement de Florence, dans le Mercato Vecchio et les ruelles du Ghetto (aujourd'hui détruit, et remplacé par la Piazza della Repubblica), n'a inspiré que de piètres aquarellistes du XIXe siècle dont les œuvres sont préservées, non dans les musées consacrés à l'art, mais au musée topographique, sous le titre *« Firenze com'era »* (« Florence d'Autrefois »). L'histoire, à Florence, n'est ni une légende ni une éternité, mais le poids accablant de bâtiments de pierre brute exigeant des réparations continuelles, écrasant la ville comme une dette, compromettant tout progrès.

C'était pourtant une cité de progrès. Rien ne pouvait être moins florentin, et le contraire même de Florence, que cette tutelle protectrice des résidents étrangers, dont la plupart ont aujourd'hui déserté la ville, scandalisés par les Vespa, les klaxons, les communistes, et l'augmentation du coût de la vie. Les hommes d'affaires milanais ont investi leurs villas, installant de nouvelles salles de bains carrelées, avec lavabos et toilettes de couleur, du linoléum et du formica dans la cuisine, des récepteurs de télévision et des bars dans le salon. Ces Milanais ne sont guère aimés ; eux aussi sont des *« selvaggi »*, tout comme leurs prédécesseurs lombards, qui arrivèrent de Toscane au VIe siècle pour massacrer et piller. Cependant, ces invasions régulières font partie de la vie de Florence qui, envahie par la nouveauté, la transforme en quelque chose de plus neuf encore. Florence a toujours été une ville des extrêmes, étouffante en été, froide en hiver, traditionnellement destinée au progrès, au modernisme, et cependant empreinte de passéisme, étroite comme ses rues, contrainte, minérale, récalcitrante. C'est dans cette ville que, lors de la dernière guerre, des fascistes fanatiques tinrent bon, après qu'elle eut été prise par les Alliés, et continuèrent de tirer depuis les toits et les loggias sur les citoyens dans la rue, comme pour le plaisir. Tout au long de la période mussolinienne, les fascistes de Florence ont été les plus violents, les plus redoutables de toute l'Italie ; parallèlement, Florence était le centre intellectuel de l'antifascisme et, pendant la Résistance, la ville se « racheta » par une série d'exploits héroïques. Les paysans du *contado* firent montre d'un courage extraordinaire, cachant des ennemis du régime, et dans la ville même, beaucoup d'intellectuels, et quelques aristocrates, n'hésitèrent pas à risquer leur vie dans les réseaux de résistance. Florence, en somme, était partagée, comme elle l'a toujours été, entre le meilleur et le pire. Les Allemands eux-mêmes étaient divisés en deux clans. Tandis que les S.S. torturaient, dans une maison de la Via Bolognese (quartier « résidentiel » de la classe moyenne, datant du XIXe siècle), à l'autre bout de la ville, sur l'ancienne Piazza Santo Spirito, non loin de l'église de Brunelleschi, l'Institut germanique cachait des antinazis dans sa bibliothèque d'ouvrages de référence sur les arts et la culture à Florence. Le principal collaborateur de la S.S. était à Florence, un monstre étrangement appelé « Carità », à la fois informateur et tortionnaire ; face aux S.S., la meilleure protection venait du consul d'Allemagne, qui utilisait sa position d'officiel pour sauver ceux qui avaient été dénoncés. Après la Libération, Florence le nomma citoyen d'honneur, en reconnaissance des risques qu'il avait pris. Ce sont ces clivages, cet extrémisme, ces contrastes qui constituent la *Firenze com'era* – une ville redoutable, à beaucoup d'égards, inconfortable, dangereuse, une ville de drame, de querelle et de lutte.

CHAPITRE II

Catilina, fuyant Rome, arriva en Étrurie, dans la vieille ville de Fiesole, sur une colline, où lui et ses amis conspirateurs trouvèrent un accueil chaleureux parmi les habitants mécontents. S'installant dans l'ancienne forteresse étrusque, il se proclama consul, et en revêtit la robe. Une expédition romaine fut envoyée, contre lui et les gens de Fiesole. C'était un noble guerrier romain, du nom de Fiorino, qui menait l'attaque, mais Fiesole était trop bien défendue pour être prise par l'assaut direct. Fiorino, conscient de cela, construisit un camp à l'emplacement du fort, le long de l'Arno, là où les habitants venaient au marché, chaque semaine, et où est aujourd'hui située Florence. Il fut tué lors d'une sortie nocturne des assiégés. César arriva, avec des renforts, et commença de bâtir une ville. Fiesole fut enfin prise, et détruite. Catilina et ses partisans s'enfuirent dans les collines, où la légion les pourchassa, et furent tués à la grande bataille de Pistoia.

Cette version de la fondation de la ville, que nous donnent les anciens chroniqueurs, mélange curieusement mythe et réalité historique. César ne livra jamais bataille en Toscane, mais Catilina se réfugia effectivement à Fiesole, et la fameuse bataille de Pistoia, où il trouva la mort, eut bien lieu. Fiorino, le héros éponyme, est une invention littéraire, sur le principe de Romulus, mais il existait réellement un fort étrusque et un marché sur l'Arno, non loin du Ponte Vecchio, à l'endroit le plus étroit du fleuve, et César, d'une certaine manière, fonda réellement la ville, qui fut édifiée par son armée de vétérans sur le site d'une ancienne cité italiote, grâce aux lois agraires qu'il promulgua. Même la date n'est pas très éloignée; la bataille de Pistoia qui, selon la légende, déterminerait la fondation de la ville, eut lieu en 62 avant J.-C.; les lois agraires entrèrent en vigueur trois ans plus tard.

La Florence romaine possédait des thermes, des temples, un forum, à l'emplacement de l'actuelle Piazza della Repubblica, un immense Capitole, dédié à Jupiter, avec un escalier de marbre, un aqueduc et un théâtre. Tout cela a disparu, seul en reste le nom de quelques rues : Via delle Terme, Via del Campidoglio. Hors les murs de la ville, se dressait un amphithéâtre de quinze mille places; on peut encore en déterminer la courbe Via Torta, Via dei Bentaccordi, et Piazza dei Peruzzi, qui décrivent un demi-ovale, non loin de l'église Santa Croce. L'arrière du Palazzo Vecchio occupe l'emplacement du théâtre, et le Baptistère celui du *praetorium*, ou résidence du gouverneur romain. Dans le Baptistère et dans la crypte de San Miniato (premier martyr chrétien de la ville; décapité dans l'arène, il porta sa propre tête de l'autre côté du fleuve, jusqu'à la colline où se dresse aujourd'hui son église), on trouve les colonnes romaines et les chapiteaux sculptés habituels aux bâtisseurs romains. À Florence, la tradition romaine est palpable, pour ceux qui en connaissent la présence, tout comme pour ceux qui en ont entendu parler, la situation de la colonie romaine, installée comme un camp ou un *castrum*, apparaît dans les vieilles rues de la ville.

Florence était la « fille », Rome la « mère » – telle était l'idée médiévale. Les Florentins du Moyen Âge se gargarisaient de tradition, revendiquant l'ascendance de nobles familles romaines. Les Uberti, par exemple, prétendaient descendre d'un fils supposé de Catilina, gracié et adopté par César sous le nom d'Uberto Cesare. À l'époque de Dante, on croyait que Florence avait été fondée par deux races différentes : les nobles, ou Noirs, qui descendaient des soldats romains, et les gens du peuple, ou Blancs, qui descendaient, eux, des anciens habitants de Fiesole. C'est par l'incompatibilité de ces deux souches que l'on expliquait la querelle permanente qui régnait en ville. Selon une autre version, Florence, détruite par Totila, aurait été rebâtie par Charlemagne, qui l'avait reconstituée *« com' era »*, avec son mode de gouvernement antique – loi romaine, consuls et sénateurs.

Ces légendes, ces arbres généalogiques de fantaisie, donnent néanmoins un sentiment d'authenticité. La sobriété, le sens du décorum florentin, correspondent à la *gravitas* de Rome – une Rome pionnière, située dans les collines sauvages, le long d'un fleuve impétueux. Cette impression d'un avant-poste, d'un camp militaire fermement établi sur la montagne de Fiesole, demeure perceptible dans les rues qui entourent le Dôme – Via Ricasoli, Via dei Servi, qui filent droit vers les contreforts de la montagne, comme ces rues des villes primitives du vieil Ouest américain.

Sous la surface de Florence gît une Rome engloutie. Dans la pénombre, la crypte de San Miniato, avec ses piliers de formes et de dimensions étranges, évoque quelque forêt pétrifiée. Selon la tradition, le Baptistère aurait été le temple de Mars, dieu de la guerre des soldats de César, et patron de la ville. Selon une théorie plus moderne, le Marzocco, ou lion héraldique de Florence, était en réalité le

Martocus, statue équestre mutilée de Mars, gardée en sentinelle par superstition au Ponte Vecchio, jusqu'en 1333, lorsqu'une crue l'emporta. Cette statue joue un rôle sinistre, dans l'histoire florentine. En 1212, le dimanche de Pâques, le jeune Buondelmonte de' Buondelmonti, chevauchant son palefroi immaculé et revêtu de ses vêtements de mariage, la couronne d'époux sur la tête, fut frappé à mort au nord du pont, au pied de la statue, par les Amidei, pour avoir brisé ses fiançailles avec une fille de leur famille. Ce fut là le détonateur de la guerre entre les Guelfes et les Gibelins qui, de conflit en conflit, devait durer un siècle et demi, et manquer d'anéantir la ville. En 1300, quand on remit en place le torse décapité et ravagé du dieu, au Ponte Vecchio, après quelque reconstruction, on le tourna vers le nord, et non plus vers l'est, comme il l'était par le passé ; ce changement fut considéré comme un présage menaçant pour Florence et, de fait, c'est cette année-là qu'éclata la scission entre les Noirs et les Blancs. Dante, un Guelfe blanc, que le conflit contraignit à l'exil, attribuait à la colère du dieu, mécontent d'avoir été déplacé par les Baptistes, la violence et la perturbation qui secouaient la cité. Beaucoup plus tôt, selon la légende, la statue, ayant été retirée de son temple dans lequel elle se trouvait à l'origine, fut reléguée dans une tour au bord de l'Arno, d'où elle bascula dans le fleuve, à l'époque de la destruction mythique de la ville par Totila ; si on ne l'avait pas enfin retrouvée et installée au Ponte Vecchio, Florence n'aurait pu être reconstruite. La crue de 1333, qui emporta les ponts, ainsi que la statue, avait un caractère d'apocalypse. Elle fut précédée d'un étrange orage qui dura quatre-vingt-seize heures, ainsi que le rapporte un témoin oculaire, le chroniqueur Villani. C'était un déluge de feu, de tonnerre et d'eau ; hommes et femmes, suppliant le ciel de les épargner, se réfugiaient d'un toit sur l'autre, enjambant le vide sur de frêles planches ; les tuiles s'envolaient, les tourelles s'abattaient, les murs cédaient ; les colonnes rouges de San Giovanni étaient à demi immergées. Les cloches des églises et des couvents résonnaient pour apaiser l'esprit de la tempête. Peu de temps après cette crue effrayante, et la disparition de la statue, une nouvelle calamité s'abattait sur Florence : en 1339, Édouard II d'Angleterre se voyait ruiné, entraînant dans sa chute les deux établissements financiers florentins, les Bardi et les Peruzzi, qui l'avaient soutenu dans ses guerres sur le continent ; c'était la faillite de Florence, en tant que puissance financière mondiale.

Le lion héraldique remplaça donc le dieu de la guerre sur le pont, comme *portafuna* de la ville. Le Marzocco, contrairement au Lion de Saint-Marc, à Venise, n'a aucune connotation religieuse ; c'était purement une figure politique, et fort déplaisante à regarder, même sculptée par Donatello. L'emblème religieux de Florence était le lys, et certains écrivains, ne soutenant pas la théorie du Martocus, pensent que le Marzocco provient d'une autre superstition : au Moyen Âge, les seigneurs gardaient, dans la tour de leur palais, des lions dont ils observaient minutieusement le comportement, durant les périodes de crise, car celui-ci annonçait les heurs et malheurs de l'État. L'art et la science antique de l'augure étaient une spécialité de la région bien avant César ou Catilina. Les prêtres étrusques, renommés pour leur compétence, pratiquaient la divination au sommet de la montagne de Fiesole, inspectant le ciel et les orages, comme Galilée, plus tard, condamné par l'Église, observait les corps célestes sur les collines de Bellosguardo et d'Arcetri, sous la protection de Cosme II. Dans cette cité fluviale, entourée d'observatoires naturels, la science et la prophétie devaient prospérer, ainsi que d'étranges religions. Piazza San Firenze, non loin du Bargello, se dressait un temple à Isis, la déesse égyptienne des fleuves et des rivières, dont le culte avait pu être apporté par les soldats romains; à Fiesole, existait un collège de pères convers voué à la Magna Mater, importation orientale. Isis pleurant Osiris, la Magna Mater pleurant Atis, qui s'était lui-même castré, sous un pin – ces cultes attristants, venus de loin, trouvaient des fervents en Toscane, où ils se voyaient lavés des éléments licencieux qui les caractérisaient dans le reste de l'Empire; ils présageaient, prétend l'historien Davidsohn, la particulière dévotion florentine envers la Madone. La Mère affligée était, bien sûr, associée au calendrier, aux saisons. Jusqu'au milieu du XVIIIe siècle, les Florentins situaient le début de l'année *ab incarnazione*, c'est-à-dire au moment de la conception, ou de l'incarnation du Christ, soit neuf mois avant Noël, le 21 mars. C'est le jour de l'Annonciation – un des sujets les plus traités dans la peinture florentine. L'ange de la nouvelle année, avec son lys, annonçant que la Graine sainte avait été déposée dans le sein d'une jeune paysanne vierge, est, de toute évidence, le printemps. L'ancien calendrier romain faisait commencer l'année à l'équinoxe de printemps – le 21 mars.

Le forum, ou place du marché, plus tard Mercato Vecchio, était dominé par un arc de triomphe (dont on se souvenait encore au Moyen Âge) et décoré de statues d'empereurs et de magistrats. Ceux qui se plaignent d'une absence de sentiment religieux dans les églises florentines, les trouvant trop simples, trop sobres, trop «protestantes», en fait, découvriront cette piété au Bargello et à l'Œuvre du Dôme, voués à la sculpture, comme des temples. Ces sanctuaires quasiment déserts sont les seuls lieux saints de la ville, où des statues ont été transportées, pour les protéger des intempéries. Prophètes de l'Ancien Testament, descendus de leur poste d'observation, sur le campanile ; un groupe de trois figures monumentales – saint Pierre, saint Paul et la Vierge – de la Porta Romana ; grandes Vierges à l'œil bovin, autrefois dressées au-dessus des portes du Dôme ; saint Georges, légèrement vêtu, avec son bouclier, venu d'Orsanmichele, cette étrange église qui servait aussi de réserve à grain, en cas d'urgence, siège ou famine – tous étaient à leur poste dans la ville, comme des gardiens sur leurs miradors, veillant sur le bonheur des citoyens. Battus par les intempéries, ils ont acquis un peu de la force brute de ces éléments naturels qu'ils ont dû affronter dans leur fonction de protecteurs du peuple. Dans leur parure froissée ou drapée, avec leurs yeux de pierre, grands ouverts, profondément enfoncés, ils ressemblent étrangement à des pèlerins, à des marcheurs regroupés dans cet abri pour attendre la prochaine étape de leur voyage ; d'autres compagnons les ont rejoints, venus d'autres églises ; plusieurs baptistes ; un pape avec sa mitre, qui donne sa bénédiction ; les enfants de Luca della Robbia et de Donatello, qui chantent et dansent. Certains, tels les docteurs de l'Église, venus de Poggio Imperiale, transformés en poètes grâce à une couronne de lauriers, sont dans un état pitoyable, évoquant des Immortels déguisés en poivrots. Étrange groupe disparate, mais c'est ainsi que se manifeste leur sainteté, et leur état de pèlerins. Saint Georges, dans sa niche de commandeur, au Bargello, est un athlète de Sparte, ou quelque jeune bâtisseur de l'Empire romain, sans épée, légèrement vêtu, un collier entourant gracieusement son cou élégant, le regard intrépide, tourné vers l'avenir ; à ses côtés, se dresse un San Giovannino étique, le jeune Baptiste que sa mission effraie, le souffle court, les lèvres écartées, le regard fixe. Étranges compagnons, aussi désassortis qu'Achille et la tortue, et cependant, tous deux sont de Donatello ; tous deux sont profondément émouvants, et beaux ; tous deux représentent une forme de courage. Nul halo n'entoure la tête du saint Georges viril, résolu, les bras, les jambes et les pieds protégés par une cotte de mailles, les cheveux coupés court ; San Giovannino, hésitant, avec sa chemise de crin déchirée, ses bras frêles, ses épaules osseuses et ses jambes trop fines, a une maigre croix d'or et un mince halo doré, comme le reflet d'un soleil pâle, pour l'accompagner dans l'effroi du désert. Derrière San Giovannino se trouve le buste de terre cuite peinte de Niccolò da Uzzano, chef du parti des nobles, l'air d'un magistrat romain, et plus loin dans la salle, le Marzocco.

La statuaire est le génie de Florence, son esprit même ; elle suscite un respect immense, non seulement parce qu'elle est supérieure à toute autre, depuis la Grèce antique, affirmation catégorique, mais parce que, bonne ou mauvaise, elle fait partie de la matière même de la ville – de la *res publica*, la chose publique. Elle appartient au peuple, un peuple obstiné, indépendant, et à une contrée montagneuse, pays de pierre et de cailloux, comme celui d'Athènes. Les sculpteurs florentins du Quattrocento ont surgi des carrières des collines environnantes, là où l'on taille le *macigno* et la grise *pietra serena*. Desiderio da Settignano, Benedetto da Maiano, Mino da Fiesole, Benedetto da Rovezzano – tous étaient des jeunes villageois élevés parmi les tailleurs de pierre. Michel-Ange, ayant été, jeune enfant, élevé à Settignano, disait que son génie provenait du lait de chaux dont l'avait abreuvé sa nourrice. Le marbre vert, utilisé essentiellement dans la décoration géométrique des façades des églises, venait des collines de Prato ; le célèbre marbre blanc de la sculpture florentine arrivait de Carrare, de cette étrange chaîne des Alpes apuanes qui domine la côte au nord de Pise, non loin de l'endroit où Shelley se noya – Viareggio – et où s'étale à présent un cordon de vilaines stations balnéaires. Michel-Ange, comme quelque étrange héros d'Ibsen, passa des années dans les montagnes de Carrare, extrayant du marbre pour ses statues, environné de ces sommets qui semblent enneigés, à cause de leurs failles d'un blanc étincelant. Les énormes blocs immaculés, « sans fissure ni veinure », ainsi le stipulait le contrat, étaient chargés sur des chalands et acheminés, par de verts canaux, jusqu'à Florence ou Rome. Ce marbre était déjà connu sous l'empereur Auguste, et ce sont les Pisans qui, les premiers, maîtrisèrent l'art de la sculpture, dès le *Duecento*, trois siècles avant Michel-Ange, avec des œuvres qui étaient déjà Renaissance, ou encore classiques. Ce sont eux, les ouvriers de Pise, qui apportèrent cet art à Florence ; la tradition florentine du moulage en bronze remonterait aux Étrusques.

Blanc, noir, gris, brun, bronze, telles sont les couleurs de Florence – couleurs de la pierre et du métal, des éléments primaires de la Nature, qui a forgé les premières civilisations – âge de pierre, âge de bronze, âge de fer. Le marteau, le ciseau, font résonner la sombre musique de l'art et de l'architecture florentins, du caractère florentin. Ces énormes grilles de fer aux fenêtres des palais, ces anneaux et ces attaches de fer qui tiennent les torches plantées entre les moellons de pierre brute, provenaient des sinistres mines de fer d'Elbe, possession toscane. Dans les ateliers de l'Oltrarno, on peut toujours entendre l'écho des forges, et l'industrie la plus importante de la Florence moderne est la métallurgie.

Les Florentins du Moyen Âge et de la Renaissance,

partant livrer bataille, emportaient avec eux des statues. Savonarole, bien qu'étant un prétendu ennemi de l'art, fit porter en procession une figure de l'Enfant Jésus, le jour du Bûcher des Vanités, où tant de peintures furent brûlées, parmi lesquelles les études de Fra Bartolomeo. Dans le peuple, on croyait, jusqu'au début de ce siècle, que l'esprit était enfermé dans les statues. Les pauvres appelaient celle de Neptune par Ammannati, sur la fontaine de la Piazza della Signoria, «*Il Biancione*», «Le Grand Homme Blanc»; ils prétendaient que c'était l'esprit tout-puissant de l'Arno transformé en pierre car, tout comme Michel-Ange, il méprisait l'amour des femmes. Selon la légende, lorsque la pleine lune l'éclaire, à minuit, il reprend vie et se promène sur la place, bavardant avec les autres statues. Le *David* de Michel-Ange, avant de devenir statue, était appelé «Le Géant». C'était un gigantesque bloc de marbre, haut de six mètres, gâché par Agostino di Duccio; l'esprit du peuple lui ayant octroyé un statut d'humain, il demeura quarante ans dans les ateliers du Dôme, jusqu'à ce que Michel-Ange en fasse le Tueur Géant, image patriotique du petit pays abattant ses adversaires plus puissants. C'étaient les géants, disait-on, qui avaient bâti le grand mur étrusque de Fiesole, et beaucoup d'histoires circulaient de belles jeunes filles changées en statues de marbre immaculé.

Plus que toute autre place d'Italie, la Piazza della Signoria évoque l'Antiquité, non seulement dans ses statues colossales, déifiées, le *David* et le *Neptune* (dont Michel-Ange disait «*Ammannato, Ammannato, che bel marmo hai rovinato*», pensant au marbre endommagé par le sculpteur incapable), et les hideux *Hercule et Cacus*, mais aussi dans sa discrète Loggia dei Lanzi, avec ses trois charmantes arches en plein cintre et ses groupes serrés de statues de bronze et de marbre, dont certaines appartiennent à la Grèce antique, d'autres à la Renaissance, d'autres encore au maniérisme, l'une datant du XIXe siècle. Il n'existe cependant aucune disharmonie entre elles ; elles paraissent faire un tout, et être le prolongement l'une de l'autre, comme une pièce de monnaie régulièrement remise en circulation. C'est un monde sanguinaire qu'elles évoquent. Tous ces groupes, ou presque, se battent. Le *Persée* de bronze de Cellini, casqué, brandit la tête ruisselante de Méduse, son torse abominable gisant à ses pieds ; l'*Hercule* de Giambologna est aux prises avec Nessus le Centaure ; Ajax (d'après une statue grecque du IVe siècle) soutient le cadavre de Patrocle. Il y a aussi un *Enlèvement des Sabines*, de Giambologna, un *Viol de Polyxène*, de Pio Fedi (1866), et une *Allemagne vaincue*, statue de femme romaine, parmi une longue série d'effigies de matrones, de même provenance, dressées le long du mur, à l'arrière, comme une rangée de pleureuses. Deux lions – l'un grec, l'autre copie du XVIe siècle – flanquent ces groupes de personnages contorsionnés, tordus, le poignard à la main, tombant, agonisant sur leurs nobles piédestaux. Non loin, à l'entrée du Palazzo Vecchio, une *Judith* de Donatello expose la tête coupée d'Holopherne, tandis que, dans la cour, Samson se bat contre un Philistin. Plus loin sur la place, Cosme Ier chevauche un cheval de bronze.

Cette place, que domine le Palazzo Vecchio, autrefois siège du gouvernement, possède une beauté virile, austère, que ne dépare nullement le côté massif de certains de ces groupes de marbre. La tour du Palazzo Vecchio perce le ciel, cruelle, comme l'aiguille d'une seringue de pierre ; la statuaire, en dessous, traduit la passion exacerbée, la lutte, le conflit portés, dirait-on, à leur point extrême. Sur toute autre place, dans toute autre ville, l'alignement des scènes de tuerie de la Loggia dei Lanzi (ainsi baptisée en référence aux lanciers suisses de Cosme Ier, qui montaient la garde à cet endroit, afin d'impressionner la population) créerait un effet de *terribilità*, ou d'horreur voluptueuse, mais l'esprit florentin, dans son classicisme, a choisi de les ranger sous un auvent d'arcades pures, délicates (1376-1381), comme un ciel, une limite à l'affliction.

C'était là le centre civil de la cité, distinct du centre religieux, place du Dôme et Baptistère, et des deux places du marché. Le *Judith et Holopherne* de Donatello fut apporté ici du Palazzo Medici, où il faisait partie d'une fontaine, et dressé sur l'*aringhiera*, terrasse basse du Palazzo Vecchio, comme symbole de la sécurité publique ; une inscription, sur le socle, déclare que c'est le peuple qui s'en chargea, en 1495 – alors que les Médicis venaient d'être chassés, et leurs trésors dispersés. L'*aringhiera* était la scène sur laquelle étaient prononcés les discours politiques, et les décrets lus au peuple, par la Seigneurie (c'est là l'origine du mot « harangue ») ; la statue de Judith décapitant le tyran était censée incarner, de manière plus concise que toute parole, la liberté populaire triomphant du despotisme. Les Médicis, régulièrement chassés de Florence, y revinrent toujours. Lorsque Cosme Ier prit le pouvoir, il commanda le *Persée et Méduse* à Cellini, afin de commémorer le triomphe du despotisme restauré sur la démocratie. Parallèlement, c'est un citoyen de Florence qui aurait commandé, à ses frais, le *Brutus* de Michel-Ange (aujourd'hui visible au Bargello), en l'honneur de Lorenzino de' Medici, qui avait gagné ce surnom en assassinant son lointain cousin, le révoltant tyran Alexandre. Ce même Lorenzino, passionnément épris d'Antiquité, avait reçu un blâme du pape Clément VII, son parent, pour avoir décapité les statues de l'Arc de Constantin, à Rome – acte dont les raisons demeurent mystérieuses. Un autre républicain, Filippo Strozzi, issu d'une des grandes familles de financiers, emprisonné par Cosme Ier, trouva la force de se tuer en évoquant l'exemple de Caton à Utique.

Si les statues de la place étaient des leçons, ou des exemples comminatoires en matière de civisme, la résilience des matières choisies, marbre ou bronze, suggérait l'espoir, ou la conviction, que ces leçons seraient éternelles. Le marbre, la pierre, le bronze indestructibles, font de la sculpture un art de pouvoir, traduisant un idéal de stabilité et de permanence. La statue, selon la religion grecque, ne serait, au départ, qu'une simple colonne, dans laquelle on aura fini par discerner le buste d'un homme, ou plutôt d'un dieu. La sculpture florentine, qu'elle soit religieuse ou profane, a retenu cette notion classique, élémentaire du pilier, support de l'édifice social. D'autres Italiens de la Renaissance, les Lombards en particulier, furent parfois doués pour cet art, mais c'était presque toujours aux Florentins que l'on faisait appel pour les œuvres publiques, c'est-à-dire civiques. La grande statue équestre du condottiere Gattamelata qui se dresse à Padoue, sur la Piazza del Santo, a été commandée à Donatello ; les Vénitiens, souhaitant ériger une statue du même genre (le monument au Colleone), firent venir Verrochio. Le sculpteur officiel de la République de Venise était Sansovino, un Florentin.

Assez curieusement, c'est par la peinture que les Florentins traduisaient la notion d'infamie. Les principaux ennemis publics avaient leur effigie sur les murs extérieurs du Bargello, à l'époque prison et lieu des exécutions, lesquels portraits demeuraient là, pâlissant et s'altérant avec le temps, comme les photos des criminels recherchés dans les bureaux de poste américains, si ce n'est qu'à Florence, ceux-ci n'étaient pas « Wanted », mais déjà entre les mains des autorités. La fugacité, la fragilité de la représentation picturale, comme symbole d'une réputation souillée, fut également mise en exergue lors du Bûcher des Vanités, quand les Florentins, désapprouvant l'attitude d'un marchand vénitien, firent exécuter et brûler son effigie.

Si les collections de sculptures du Bargello et de l'Œuvre du Dôme donnent une sensation de tristesse vaguement surnaturelle, c'est que l'esprit civique, le fantôme de la République, demeure prisonnier, comme une personne vivante, d'effigies de marbre, de bronze, de pierre, comme des colonnes séparées, solitaires, piliers d'une société dont le toit se serait effondré. Comme dans les anciennes cités-États, le religieux et le civil se fondaient l'un dans l'autre, ou presque, dans la Florence républicaine ; les saints étaient les champions de la chose civique, sous la protection et l'exemple desquels la ville se battait. Il en était ainsi dans toutes les cités-États du Moyen Âge, dont chacune avait son patron particulier (c'est-à-dire sa propre religion). Les Vénitiens se ralliaient à l'oriflamme de saint Marc, les habitants de Lucques à celui de saint Martin, tout comme ceux de Florence a celui de saint Jean. Forts de leur religion et de leur saint patriotique, les Florentins, comme les Vénitiens, ne craignaient guère le pape, et furent plus d'une fois victimes de l'interdit et de l'excommunication ; à un certain moment, Florence, par l'intermédiaire des évêques de Toscane, contourna la difficulté en excommuniant le pape. Une inscription gravée sur le Palazzo Vecchio durant le siège de 1529, *« Jesus Christus, Rex Florentini Popoli S.P. Decreto electus »* (« Jésus-Christ, Roi du Peuple florentin, élu par Décret populaire »), affirmait une indépendance totale, non seulement des règles qui gouvernaient le monde, mais aussi de tout pouvoir spirituel autre que celui du Christ. Cette revendication d'être la cité de Dieu, une nouvelle Jérusalem, était déjà implicite dans les innombrables et indestructibles images patriotiques, télamons, cariatides, taillés par les sculpteurs florentins. La sculpture florentine possède un caractère local, provincial, dont il n'est nul autre exemple en Occident, au-delà de l'Attique et de l'Ionie. « Le petit État », écrivait Jacob Burckhardt, « n'existe que pour qu'il y ait un endroit sur terre où la plus grande partie possible des habitants soient des citoyens, dans l'acception la plus totale du terme. » Il parlait des *polis*, des cités-États grecques, mais sa définition pouvait également s'appliquer à la République de Florence ; dans les deux cas, citoyenneté et sculpture furent portées à leur apogée.

La sculpture florentine, comme la sculpture grecque, était capable d'exprimer l'intimité, les nuances délicates du sentiment personnel, mais cela, comme en Grèce, se retrouve essentiellement sur les monuments funéraires, et sous forme de bas-reliefs, c'est-à-dire à mi-chemin de la sculpture et du dessin. Les tombeaux exquis de Desiderio da Settignano et de Mino da Fiesole, avec leurs nombreuses et charmantes têtes enfantines, expriment une émotion pudique, et donc à demi fugitive, la douleur discrète d'une famille en deuil, recouverte d'un voile d'une finesse extrême, comme les voiles de marbre transparents des Madones et les draperies des anges, dans lesquels excellaient ces artistes raffinés. La retenue, le contrôle du bas-relief florentin est très proche de la stèle grecque, à l'origine une simple table portant une inscription ; l'évanescent se voit gravé, imprimé dans la pierre, et les modulations du relief, exécutées avec une pointe fine, expriment la réserve, le tact, comme dans la poésie élégiaque des Grecs.

Ce qui fait apparaître cet art comme « classique » n'a rien à voir avec une quelconque imitation des modèles classiques. Les œuvres grecques les plus proches de celles de Mino da Fiesole, Desiderio da Settignano, Agostino di Duccio, et de certaines de Donatello, étaient à peine connues en Italie, à cette époque. Les affinités que l'on retrouve avec l'Athènes du ve siècle peuvent être en partie dues à la géographie, mais aussi à la structure politique – le dessin clair et net du paysage, et la tradition d'une pensée claire et nette. Le sens de la précision et de la justesse réduisait les formes et les idées à leur essence – géologiquement, à la roche de fond. « Par sculpture », disait Michel-Ange, « j'entends un art qui supprime toute matière superflue ; par peinture, un art qui atteint son but par l'accumulation des couches. » Cet art qui élimine le superflu, pour laisser à nu la forme ou l'idée de base, était celui des Socratiques, qui tiraient la vérité de leur interlocuteur, qui la « connaissaient » déjà, mais ne pouvaient la saisir que débarrassée de sa gangue de matières inutiles. Ainsi, les Florentins « savaient » qu'une statue, par essence, est un pilier, une colonne, et qu'un monument funéraire, par essence, n'est qu'une tablette gravée d'une inscription. C'est ce savoir qui définit le classicisme.

À l'époque de la République, la frontière était bien marquée entre vies publique et privée. Les Florentins étaient connus pour leur extrême individualisme, et cependant on n'aurait élevé nulle statue de condottiere dans un lieu public ni, à plus forte raison, dans une chapelle privée. Les sépultures grandioses étaient chose inconnue, jusqu'à Michel-Ange. Le deuil demeurait une affaire de famille, tout comme chez les Étrusques, qui représentaient les époux tranquillement assis sur leur tombe, comme pour un dernier repas de fête. Le code esthétique de Florence interdisait l'image des morts en majesté, chose courante à Venise.

La République voyait d'un mauvais œil la glorification de l'individu ; mettre en avant la chose privée était une attitude condamnable, anti-civique. Les grandes fenêtres géminées, en façade, par exemple, si courantes dans les palais de Sienne, n'étaient autorisées, dans la Florence médiévale, que pour les édifices religieux ; les particuliers devaient se contenter d'étroites fenêtres à une seule percée. L'austérité de l'architecture florentine doit beaucoup à cet interdit. Cosme l'Ancien, fondateur de la dynastie des Médicis, était un politicien trop averti pour mettre son pouvoir en danger par un train de vie fastueux ; à la fin de sa vie, il refusa titres et honneurs, ainsi que le luxueux palais Renaissance que Brunelleschi avait proposé de lui construire, et préféra commander à Michelozzo une demeure solide et sans grâce, de pierre rustique, avec une lourde corniche, où, cachant son véritable statut de souverain, il se faisait passer pour un simple citoyen retiré des affaires. « Trop grande maison, pour une si petite famille », soupirait-il néanmoins, errant comme un malheureux dans les grandes salles désertes, après que ses enfants l'eurent déçu. Il fit inhumer ses parents dans un simple tombeau de marbre, sans ornement, dans l'Ancienne Sacristie de San Lorenzo.

C'est un Médicis bâtard – le pape Clément VII, fils illégitime de ce Julien qui fut assassiné lors de la conspiration des Pazzi, au cours de l'office, au Dôme – qui brisa le premier la tradition, en commandant à Michel-Ange la Nouvelle Sacristie de San Lorenzo, à la gloire de deux membres de sa famille, lesquels eussent mieux fait de demeurer dans l'oubli. Ces célèbres tombes des Médicis possèdent une étrange qualité théâtrale, comme un péplum avec costumes antiques, casques, armures et plumes; la chapelle qui renferme ces monuments outranciers évoque plus un décor de théâtre qu'un travail d'architecte – c'est une parodie, une exagération cynique de la sacristie de Brunelleschi, tout comme les deux ducs, prenant la pose comme deux acteurs, dans un tableau, parodient la *virtù* de la Renaissance. Quoi qu'il en soit, Michel-Ange qui, comme le disait Vasari, détestait copier une personne vivante, à moins qu'elle ne soit d'une beauté incomparable, n'a nullement tenté de faire des portraits ressemblants, comme c'était la coutume sur les monuments funéraires; ses deux ducs sont deux comédiens de belle allure, deux premiers rôles, du type Renaissance. La sculpture s'est faite sculpturale – ce n'est plus un pilier de la communauté, mais une espèce de flatterie de marbre.

Les projets de Michel-Ange étaient fort onéreux et, comme il prenait de l'âge, seuls les papes et les tyrans purent se permettre de faire appel à lui. Le gigantisme de ses dernières œuvres était également hors de proportion avec les notions de mesure et de limites strictes qui gouvernaient sa ville natale – notions propres aux petites républiques armées, sur le modèle antique. Lui-même résidait à Rome, sous la protection de divers princes de la papauté, et même Cosme Ier, le nouveau despote des Médicis, ne put le persuader de revenir dans ce qui était alors devenu le grand-duché de Toscane. Durant le siège de Florence, il s'était brièvement exilé à Venise, abandonnant son poste de superviseur des fortifications de la ville, en proie à un accès de panique qu'il devait tenter de justifier après-coup quand il voulut y rentrer. Sans être Caton ni Brutus, il demeurait, à sa manière, comme Dante dans son exil amer, un patriote aigri. Les quatre figures célèbres, et assez caoutchouteuses, appelées *La Nuit* et *Le Jour,*

Le Crépuscule et *L'Aube*, sur le tombeau des Médicis, exprimeraient, de manière codée, son désespoir devant la chute de la République et le triomphe de la dynastie des Médicis. Et dans le groupe intitulé *La Victoire*, au Palazzo Vecchio, où l'on voit un jeune homme au visage stupide brisant les reins d'un vieillard courbé sous lui, il aurait prêté ses propres traits à la victime. On peut cependant difficilement attribuer des motifs patriotiques au sentiment de persécution personnelle de Michel-Ange (envers de sa mégalomanie). « Je n'ai jamais eu affaire à peuple plus arrogant, plus ingrat que les Florentins », écrivit-il dans une lettre.

À d'autres égards, il était florentin dans l'âme – sec, orgueilleux, abrupt, économe. Dans ses dernières années, les questions d'argent constituent le thème principal de sa correspondance. Pingre envers lui-même, il achetait pour ses frères et son neveu des terres en Toscane. Par l'intermédiaire de ses agents, il reprit des fermes à bas prix, une par une, et parvint ainsi à établir la famille Buonarroti dans une propriété discrète mais de bonne taille, à présent Casa Buonarroti, ou musée Michel-Ange, Via Ghibellina, dans le quartier de Santa Croce. Tout ce qui pouvait le motiver, tous ses projets se concentraient sur Florence. Bien qu'il refusât d'y venir, il conseilla Cosme, par l'intermédiaire de Vasari, dans ses plans d'urbanisation, et tenta d'accumuler les indulgences pour l'au-delà en dotant de jeunes Florentines de famille pauvre, mais honorable, leur permettant ainsi de se marier, ou d'acheter leur place au couvent.

De son temps, on le comparait souvent aux sculpteurs antiques, et un *Cupidon endormi*, qu'il avait réalisé jeune homme, passa effectivement pour un antique. C'est là un des premiers exemples d'escroquerie à la fausse antiquité, dont la victime fut un cardinal romain. Sur les conseils d'un marchand, le jeune Michel-Ange balafra sa statue, et la souilla comme si elle venait d'être exhumée. Découvrant la supercherie, le cardinal exigea qu'on le rembourse ; pour finir, la statue, après avoir brièvement appartenu à César Borgia, qui l'avait volée à Urbino, passa aux mains d'Isabelle d'Este, marquise de Mantoue et collectionneuse la plus avide de son temps. Mais la contrefaçon, la fausse antiquité (essentiellement d'originaux hellénistiques) destinée à flatter le goût du collectionneur, tout comme on flatte les tyrans et les papes, avait peu en commun avec le classicisme naturel, inné de Florence, dont la sculpture connut une agonie douloureuse, réellement horrible, avec la fin de la République.

Cosme Ier, à l'exemple de nombreux souverains absolus, avait le goût néo-classique, ou pseudo-classique ; il se fit sculpter en empereur romain, et commanda divers *Léda* et *Ganymède*, et autres sujets mythologiques, aux sculpteurs maniéristes et néo-classiques qui travaillaient pour lui, et dont les meilleurs furent Cellini et Giambologna, un Français. Bon nombre de ces œuvres étaient particulières, dans le pire sens du mot, tel l'*Hermaphroditus*, poème écrit de nombreuses années plus tôt pour Cosme l'Ancien, et que lui dédia l'écrivain Beccadelli – texte d'une indécence si choquante que même les humanistes les plus libertins l'attaquèrent, et que l'auteur fut brûlé en effigie, à Ferrare et Milan. Tandis que le collectionneur privé recherchait activement marbres et bronzes licencieux, la noble nudité des statues publiques se trouva, de fait, embarrassée sous le regard général. Les habitants de Florence déposèrent une feuille de figuier dorée sur le *David* de Michel-Ange ; plus tard, sous Cosme Ier, Ammannati attaqua violemment le nu, dans une lettre à l'Académie florentine de dessin, où il « désavouait » publiquement son *Neptune* (non parce qu'il était laid, mais parce qu'il était dévêtu).

En fait, l'humanisme florentin, qui se nourrissait d'« antique » depuis l'époque de Cosme l'Ancien, de bibliophilie, de collections d'art, posant à l'amateur éclairé, de cette notion, en somme, de « goût », sonnait le glas de l'époque héroïque de la sculpture. La passion de l'Antiquité naquit à Florence, sous le patronage de Cosme l'Ancien, qui devait mourir en écoutant un dialogue de Platon. C'était, à l'origine, un mouvement essentiellement littéraire, mais les humanistes s'employèrent bientôt à collectionner les objets d'art, les trophées de l'ancien monde, rivalisant avec les millionnaires pour acquérir ces pièces, dont bon nombre étaient sans aucun doute des faux. Poggio Bracciolini, humaniste florentin dont la spécialité était de récupérer des manuscrits classiques (Lucrèce, Quintilien, Cicéron, Manilius) qu'il livrait à la connaissance du monde, s'était constitué une collection de bustes de marbre – dont un seul, disait-il, était « entier et élégant », les autres ayant perdu leur nez. Il expédia en Grèce un moine de Pistoia, à la recherche d'antiquités, lequel devait le trahir plus tard en vendant à Cosme l'Ancien les pièces qu'il avait dénichées. Un autre habitant de Pistoia offrit à Laurent le Magnifique, et pour son plus grand ravissement, une statue de marbre de Platon qu'il aurait découverte à Athènes, dans les ruines de l'Académie. Laurent l'accepta comme telle, crédule comme n'importe quel millionnaire américain ; cela faisait longtemps qu'il souhaitait posséder une effigie de son « philosophe préféré ».

Même à l'époque de Poggio, il n'y avait pas assez d'antiquités authentiques pour satisfaire la demande ; il ne restait à Rome, disait-il, que six statues antiques, cinq de marbre et une de bronze. Plus tard, l'exhumation du *Laocoon*, à Rome, dont Michel-Ange fut le témoin, devait susciter une grande émotion dans le monde des gens cultivés. C'est cette vogue de l'antique, et de l'imitation, qui fit de Baccio Bandinelli le sculpteur le plus populaire de Florence, rival de Michel-Ange, qui le méprisait et le jalousait tout à la fois. Bandinelli réalisa quantité de statues préabîmées, dont le *Hercule et Cacus* de la Piazza della Signoria, qui exploitait sans vergogne la passion de la sculpture « classique » dont étaient la proie les nouveaux dirigeants et les collectionneurs.

Bien sûr, nulle part on ne trouve trace, dans ces œuvres aussitôt *à la mode**, de cette tendre piété florentine, religieuse ou civile, qui apparaît sous sa forme la plus pure, la plus intense, dans celles de Donatello. Celui-ci (le « petit Donato ») fut le plus inspiré de tous les sculpteurs florentins, et Michel-Ange, bien que plus important, n'avait pas sa finesse. Avec Pollaiuolo, qui travaillait le bronze, la grâce barbare, luxueuse des Étrusques resurgit, pour la dernière fois, comme un flux d'énergie pure, mais ces œuvres, même quand elles sont destinées à la sépulture d'un pape, tel le tombeau d'Innocent VIII, à Saint-Pierre, ont quelque chose d'intime, de fétichiste, une beauté étrange et secrète. Michel-Ange fut le dernier vrai sculpteur de la cité, et ses œuvres qui expriment tant l'effort, le labeur, avec leurs muscles noués, tendus, leurs silhouettes torturées, sont semblables à une agonie publique, interminable, horrible à voir, de l'art, ou du métier de tailleur de pierre. Il anticipait sur le baroque, style parfaitement anti-florentin, dont le centre était la Rome papale. Les tombeaux des Médicis, en fait, donnent l'impression d'être une enclave de la papauté, une

* En français dans le texte. *(N.d.T.)*

concession en territoire étranger, au sein même de la cité-État florentine.

Ces tombeaux, néanmoins, sont récemment réapparus dans la vie publique de Florence, de manière inattendue. Un des projets de Cosme Ier était l'édification du pont de Santa Trinità, reconstruit, après une crue, par Ammannati, qui devait également agrandir le palais Pitti pour ce même Cosme, altérant ainsi le plan original de Brunelleschi. Le pont d'Ammannati, le plus beau de Florence, détruit par les Allemands au cours de la Seconde Guerre mondiale, fut reconstruit à l'identique. Les ingénieurs, travaillant d'après photo, et d'après les plans d'Ammannati, se rendirent compte qu'un mystère s'attachait au vaste mouvement arqué, incurvé, des trois arches – trait le plus exquis de ce pont élancé –, qui ne correspond à aucune ligne, aucune figure géométrique, et semble avoir été tracé à main levée par un dessinateur de génie, ce que n'était pas Ammannati. Les conjectures se multiplièrent en ville, parmi les professeurs et les critiques d'art, quant à cette courbe énigmatique. Certains parlaient de courbe caténaire, c'est-à-dire suspendue par l'arc ou la tension d'une chaîne; d'autres pensaient qu'elle avait pu être copiée sur le modèle d'une caisse de violon. Cependant, juste avant l'inauguration de ce pont une nouvelle théorie vit le jour, que les journaux démontraient de manière fort convaincante, photos à l'appui; celle-ci attribuait le dessin de l'ouvrage à Michel-Ange qui, à cette époque, conseillait Cosme, par l'intermédiaire de Vasari. On trouva le dessin original là où personne n'aurait songé à le chercher : dans le tombeau des Médicis, et plus précisément sur le sarcophage qui supporte les figures de *la Nuit*, du *Jour*, du *Crépuscule* et de *L'Aube*. Donc, si l'assertion est correcte (et elle a été unanimement acceptée), un détail d'œuvre sculptée, destinée à glorifier une dynastie de despotes, dans sa chapelle privée, a été transporté au-dehors, pour devenir la propriété du peuple de Florence. La sculpture retournait à l'architecture, comme une plante cultivée revenant à l'état sauvage, et une arche de beauté, trois fois reproduite, dont l'origine mystérieuse évoque le coup de crayon d'un dieu, et non la table d'architecte, supporte la circulation de la ville.

À chaque fois que l'on a reconstruit un pont de Florence, depuis ce jour où la statue de Mars fut remise en place « dans le mauvais sens », sur le Ponte Vecchio, l'opération a suscité des conflits. Celui du pont de Santa Trinità dure depuis la fin de la guerre, et n'est toujours pas résolu. Tout d'abord, la question fut de savoir, tout simplement, s'il convenait ou non de reconstruire l'ouvrage à l'identique. Pourquoi pas un nouveau pont, moderne ? Cela réglé, on remit en service les vieilles carrières du jardin Boboli, d'où avait été extraite la pierre dorée ; un sixième en fut récupéré dans l'Arno. Alors commencèrent les problèmes avec les maçons, que l'on dut empêcher de « mieux » tailler la pierre (c'est-à-dire plus proprement, grâce aux techniques modernes). La patience commençait de se lasser, comme celle de Michel-Ange quand il écrivait : « J'ai entrepris de réveiller les morts, de tenter d'utiliser ces montagnes, et d'introduire l'art d'exploiter la pierre dans cette région. » Une fois la pierre taillée, des critiques s'élevèrent quant à l'assortiment des couleurs ; puis ce fut à propos de l'aménagement du lit de l'Arno. L'ouverture, par erreur, d'une écluse en amont du fleuve, manqua endommager le tablier du pont alors qu'il était presque fini, et déjà ouvert aux piétons. Les pluies d'automne se chargeraient de finir le travail, annonçaient les pessimistes, l'œil rivé sur le ciel et, en effet, pendant quelques jours d'angoisse, il apparut qu'ils avaient sans doute raison, et que la délicieuse, fragile structure de l'ouvrage risquait d'être emportée, si l'on ne fermait pas l'écluse à temps. Reconstruire ce pont à l'identique, c'était effectivement « s'employer à réveiller les morts », et l'orgueil dont témoignait Florence face à cet exploit, encore jamais vu dans le monde moderne, suscitait la crainte très répandue d'un échec. Et plus le pont ressuscité apparaîtrait splendide, surgissant comme une apparition des eaux vertes du fleuve, plus la population devait ergoter, présager le pire, se chamailler, de crainte qu'il ne soit pas parfait.

La querelle ultime, et la plus âpre, eut pour objet, assez curieusement, une question de statuaire. Quatre statues de la fin du XVIe siècle, œuvres du Français Pietro Francavilla, et représentant les saisons, se dressaient à l'origine aux quatre coins du pont. Elles ne valaient pas grand-chose, du point de vue artistique, mais elles « avaient toujours été là », comme la vieille statue de Mars qui monte la garde au Ponte Vecchio. Trois d'entre elles avaient pu être récupérées intactes – dont une, selon la légende, par un sculpteur local (ou étranger, selon certains) qui avait plongé dans l'Arno pour la sauver – mais la quatrième, *Le Printemps*, avait perdu la tête. On disait avoir vu un soldat américain, un Noir, partir avec elle au milieu de la confusion de la bataille ; d'autres témoins assuraient que c'était un soldat néo-zélandais, ou australien. On passa des annonces dans les journaux de Nouvelle-Zélande, demandant que la tête soit restituée, mais sans résultat. Cependant, les rumeurs persistaient, étranges et variées : on avait repéré la tête à Harlem ; ou bien elle était enterrée dans le jardin Boboli. L'imagination florentine ne pouvait admettre l'idée qu'elle eût simplement volé en éclats sous les tirs.

Tout espoir raisonnable de la récupérer ayant été enfin abandonné, les autorités compétentes des Belle Arti décidèrent de ne pas remplacer les statues. Ce fut un tollé ; le peuple voulait ses statues. Les Belle Arti n'en démordant pas, un référendum fut organisé, dont il ressortit que la voix populaire, à une écrasante majorité, exigeait le retour des statues. Les Belle Arti cédèrent alors, ou firent mine de céder, et le conflit se déplaça, portant à présent sur le fait de savoir s'il fallait remettre en place *Le Printemps* tel quel, mutilé, comme une sorte de symbole de la guerre, ou si l'on devait lui offrir une nouvelle tête. De nouveau, la ville était divisée, de manière presque irréconciliable cette fois, ce que les Belle Arti mirent à profit pour reporter l'opération. Ne voyant toujours pas arriver les socles à leur ancienne place, le peuple se fit suspicieux ; le journal, exigeant que l'on passe aux actes, laissait entendre que la querelle « avec ou sans la tête » avait été malignement introduite par les *Belle Arti*, afin de diviser pour régner, et de ne pas avoir à se soumettre à la volonté populaire. Il exigeait que l'on installe immédiatement les socles, en gage de bonne foi.

Dans nulle autre ville au monde, une controverse de cet ordre n'aurait pu ainsi mobiliser toutes les classes de la société, et atteindre un tel degré de passion et de violence. Le fait est d'autant plus singulier que les Florentins, comme nous l'avons déjà dit, ne sont aucunement sentimentaux, quant à leur passé. Il n'y a pas de ruines à Florence, et la tournure d'esprit qui consiste à aimer méditer au milieu des ruines, l'âme romantique (romaine), est inconcevable dans cette ville. Il y a, dans l'anecdote des statues, quelque chose de plus profond, de plus élémentaire, de plus obstiné, de plus superstitieux, même, qu'un simple désaccord esthétique, qu'une « question de goût ». Machiavel, parlant de l'amour de la liberté des petites républiques conçues d'après le modèle classique (et dans un coin de son esprit florentin, se profile toujours la république romaine), le relie toujours aux « bâtiments publics, aux lieux de la magistrature, aux signes distinctifs des institutions républicaines », qui rappellent leur liberté aux citoyens, même après qu'ils l'ont perdue depuis des générations. Pour éradiquer cet intime sentiment, il faudrait détruire la ville et tous ses emblèmes, pierre par pierre. Ce qui était, précisément, le but des Gibelins, après leur victoire décisive sur les Guelfes florentins à Montaperti, en 1260, et ce à quoi le grand seigneur gibelin, Farinata degli Uberti, qui prétendait descendre de Catilina, s'opposa *« a viso aperto »*, lors du conseil de guerre des chefs gibelins. Catilina, chassé de Rome, menaça d'y revenir et d'incendier la ville, mais Farinata, en vrai Florentin, n'aurait pas souhaité voir sa ville natale rayée de la carte. Il déclara, avec orgueil et audace – ce fut une des âmes les plus fières que Dante eût rencontrées en Enfer, où il la découvrit, non parmi les traîtres, mais parmi les hérétiques et les épicuriens – qu'il n'avait pas pris les armes contre Florence pour la détruire, mais pour y revenir. Ce refus sans ambages, obstiné, devait cependant, et de manière caractéristique, être fort mal récompensé par l'ingrate cité des Guelfes, qui détruisit les tours de ses ancêtres dans l'ancien centre de la ville, non loin de l'actuel Palazzo Vecchio. Celui-ci devrait sa forme si particulière au fait que la Seigneurie aurait interdit que l'on pose la moindre pierre sur une terre souillée ayant autrefois appartenu aux Uberti et aux Gibelins.

À Florence, si concrète, si visuelle, la forme même d'un édifice est un rappel, une leçon politique, et l'histoire des statues n'en est qu'un exemple. *Le Printemps* n'a pas retrouvé sa tête, il repose ainsi sur son socle, décapité, comme l'ancienne statue de Mars – témoignage de l'occupation nazie. Ce n'étaient pas les Belle Arti qui réclamaient le retour du dieu toscan, c'était le peuple*.

* La tête a finalement été retrouvée dans l'Arno, au cours de travaux sur le Ponte Vecchio. Après une scrupuleuse vérification de son identité, elle a été portée en procession et remise sur les épaules du « Printemps ». *(N.d.A.)*

CHAPITRE III

L'ombre insatisfaite de Catilina, vêtu de la toge consulaire, hante l'histoire florentine. On imagine facilement quelques soldats de sa cohorte survivant dans les collines de Pistoia, engendrant et élevant des enfants, comme autant de graines dont jailliraient à nouveau les factions farouches de la Toscane médiévale. L'ancienne Pistoria devint Pistoia, repaire idéal, disait Dante, pour Vanni Fucci, le sauvage pilleur d'églises, « venu de Toscane comme une averse » pour se réfugier dans un des goulets de l'Enfer, où Dante le découvrit, entravé dans un nœud de serpents, toujours impénitent, blasphémant et adressant à Dieu un geste obscène appelé « figue ». Le poète, invoquant Pistoia, lui suggère de se transformer en cendres, pour avoir surpassé ceux qu'elle a engendrés (Catilina et ses conspirateurs) en malfaisance.

Pistoia, aujourd'hui essentiellement un jardin d'enfants, à une demi-heure d'*autostrada* de Florence, fut, en réalité, un véritable nœud de conflits et de dissensions ; c'est là que prit naissance et grandit la lutte entre Blancs et Noirs, qui devait coûter si cher à Florence, comme si la potion de sorcière de Catilina agissait à retardement, lui donnant sa revanche sur cette ville qui avait surgi du camp romain, le long du fleuve. Ce conflit, dit-on, aurait pour origine une querelle entre deux familles de la ville, elle-même née d'un jeu d'enfants. Un gamin avait légèrement blessé l'autre, en jouant à l'épée. Son père l'avait envoyé présenter des excuses, mais l'autre père, en retour, lui avait fait trancher les mains par ses serviteurs, sur un billot de boucher, avant de le renvoyer avec ce message : « Dis à ton père que le fer, et non les paroles, est la seule excuse pour les blessures d'épée. » Comme sur un signal, toute la ville s'était scindée en deux factions, qui s'étaient donné pour nom Bianci et Neri, car l'aïeule d'une des deux familles s'appelait Bianca. L'épidémie atteignit bientôt Florence, où les deux familles les plus importantes, les Donati et les Cerchi, reprenant les noms de Blancs et Noirs, se jetèrent l'une contre l'autre, les armes à la main. Dino Compagni, dans sa *Chronique* du début du XIVe siècle, décrivait Corso Donati, chef des Noirs de Florence, comme un homme assez semblable à Catilina, mais en plus cruel. Comme celui-ci, il était « fondamentalement affable, poli de manières, séduisant, d'une intelligence plaisante, et toujours tournée vers le mal ». Le peuple l'appelait « le Baron », à cause de son extrême orgueil.

Le mot « pistolet », littéralement, signifie, « habitant de Pistoia »; avant que n'existent les armes à feu, un *pistole* était une dague, ainsi nommée d'après la ville de Pistoia, soit parce que les dagues y étaient fabriquées, soit parce qu'elles y étaient bien souvent sorties. C'est là également que furent fabriqués les premiers pistolets, au XVIe siècle. Il existe encore beaucoup de forges à Pistoia, d'où émane l'odeur du fer brûlant. De toutes les villes de Toscane, c'est elle qui évoque le plus les épisodes ténébreux de l'histoire médiévale. Les vieux bâtiments publics sont faits d'une pierre d'un gris fer – *pietra bigia pistoiese.* On peut voir sur la place principale, accrochée à la façade du Palazzo del Comune, l'hôtel de ville, une tête menaçante de marbre noir surmontée d'une masse ou d'une massue de fer, dont on dit que c'est celle d'un traître qui avait livré la ville aux gens Lucques. Les érudits prétendent que ce serait, en fait, une effigie de Musetto, le roi maure de Majorque, conquise par un capitaine de Pistoia au cours de l'expédition contre les Baléares menée par les Pisans au XIIe siècle. Des clefs, sur l'édifice, représentent l'emblème de la papauté, fixées là en l'honneur de Léon X (Giovanni de' Medici, le fils de Lorenzo), mais les gens du cru assurent que ce sont celles de la ville, vendue par le traître.

De l'autre côté de la place s'élève le palais du Podestat, celui du gouverneur étranger, poste autrefois tenu par Giano della Bella, le Gracchus florentin ; dans sa cour solennelle, entourée d'un portique, se trouvent une grande table de justice de pierre, le grand banc de pierre des juges et, en face, celui des accusés. La cour qui y siégeait, à moitié en plein air, prononçant les jugements, recevant les dénonciations, était réputée, même en Toscane, pour son extrême sévérité, particulièrement au temps de la démocratie, vers le début du XIVe siècle. Les démocrates, en vrais catiliniens, haïssaient la noblesse qui, déchue de tous ses droits civiques, était réduite à une condition pire que celle des criminels ; un roturier commettait-il un crime à Pistoia, on l'anoblissait pour le punir. Même au cœur de la Renaissance, cette ville était considérée par ses voisines comme une cité maudite, marquée par le destin. Michel-Ange rédigea un sonnet contre elle ; Machiavel décrivait une famille, les Palandra, « qui, bien que paysanne, était fort nombreuse et dont les enfants, comme tous ceux de Pistoia, étaient élevés pour le meurtre et la guerre ». On pense même que le nom des groupes ennemis, les Guelfes et les Gibelins, viendrait de deux frères rivaux de Pistoia, appelés Guelfe et Gibel.

Cependant, pour ceux qui connaissent son histoire, le fait le plus frappant est que Pistoia soit à ce point, et littéralement, noire et blanche. La richesse de la ville s'étale en une série d'églises romanes, et un grand baptistère octogonal, plaqués de bandes horizontales de marbre noir et blanc; cette profusion d'églises, les têtes de Maures (il en existe une autre, encastrée dans la façade rayée de Sant' Andrea), la massue de fer, le gris sinistre des bâtiments publics, lui donnent son aspect étrange, impressionnant, à la fois luxueux et sectaire.

Cette mode qui consistait à orner les édifices religieux de bandes horizontales alternant le noir et le blanc venait de Pise, république maritime, dont les navigateurs s'étaient battus contre les Sarrasins, en Espagne, avaient vaincu l'émir d'Égypte, et fait partie des croisades; là où l'influence de Pise atteint la Toscane, apparaissent aussitôt ces bandes noires et blanches, et avec elles une évocation de l'Orient, comme les zébrures d'un animal exotique. On trouve ces rayures éclatantes à Sienne la rose, sur la cathédrale violente et contenue, féroce, tapie au milieu de la Piazza del Duomo comme un tigre prêt à bondir; on les retrouve à Lucques, ville de la soie, où le style pisan fut enrichi de reliefs décoratifs, d'incrustations de marbre polychrome, de lions de pierre sur des colonnes, de serpents de pierre enlacés. Le style de Pise, se fondant parfois avec celui de Lucques, et lui-même pléthorique en sculptures et délicates loggias étagées, se fraya un chemin jusque dans les paroisses les plus éloignées de la Toscane rurale, tout comme les épices d'Orient – atteignant les régions escarpées de Volterra et de Carrare, loin au sud de l'ancienne ville minière de Massa Marittima, pénétrant dans les terres vers Arezzo et Prato, la ville de la laine, traversant la mer jusqu'à la Sardaigne et la Corse.

Ce cheminement de l'architecture « tigrée » s'arrête aux portes de Florence, que la tradition classique protégeait de l'exotisme. Les marbres noirs et blancs (parfois vert sombre et blancs) du Baptistère, de San Miniato, de la Badia de San Domenico di Fiesole, ne sont pas disposés en bandes ou en raies, mais forment de délicieux motifs géométriques – losanges et diamants, longs rubans ondulés, comme les flots des hiéroglyphes, carrés, quadrillages, rosettes, soleils et étoiles, roues, demi-cercles, demi-ellipses, langues de feu. Ces dessins frais, gais, sont associés à des éléments d'architecture classique : colonnes corinthiennes, entablements, frontons. Contrairement aux robustes églises lombardes, à leur époque, les églises romanes de Florence, bien que simples, ne sont jamais frustes ; et à l'inverse du style roman de Pise, qui mêlait merveilles et monstruosités (l'inclinaison de la tour de Pise serait un accident voulu), et accumulait les styles d'inspiration étrangère, tout comme la cité accueillait dans son port tous les commerces, le style florentin sut garder sa pureté d'origine, sa clarté bien ordonnée. Dans la Florence médiévale, pas de colonne grossièrement torsadée ; pas de serpent de pierre ondulant dans cet Éden où naquit Giotto, jeune berger. Dès le XIIIe siècle, les Florentins s'employaient à aligner leurs rues et leurs places. Des décrets étaient promulgués, ordonnant que toute nouvelle rue soit *« pulchrae, amplae, et rectae »*, au nom de l'urbanisme. Une rue ni belle, ni droite, ni large, serait *« turpis et inhonesta »*.

Dans chaque église romane de Florence, on retrouve quelque chose de la simple chapelle – la chapelle édifiée dans les bois, ou à la croisée de deux routes. Le Baptistère, revêtu à l'extérieur de marbre blanc et noir, et à l'intérieur de marbre et de mosaïques également blancs et noirs, octogone parfait coiffé d'un toit pyramidal dissimulant un dôme recouvrant autrefois un bassin où l'on baptisait ensemble, une fois par an, les enfants nés à Florence cette année-là, était à l'origine la cathédrale. San Miniato garde une forme de basilique, celle des premiers chrétiens, même si le chœur, cependant, en est très élevé, comme une hymne au-dessus de la crypte, et flanqué de deux élégants escaliers de marbre. Le sol montre un remarquable motif de mosaïque, en noir et blanc, représentant les signes du zodiaque, des colombes et des lions ; au fond de la nef, se dresse un immense arc de triomphe de marbre noir et blanc incrusté de colombes et de candélabres. L'église San Miniato s'élève à l'emplacement de l'ancien cimetière des premiers chrétiens ; elle exprime la simplicité de la réclusion, tout comme le Baptistère exprime la simplicité du baptême. La Badia de San Domenico di Fiesole, avec sa modeste façade de mosaïque géométrique, en marbre vert sombre et blanc, sertie dans son corps de pierre grise comme dans un bijou, fut bâtie d'après la vision qu'aurait eue un saint ermite ; reconstruite par Brunelleschi pour Cosme l'Ancien, à la Renaissance, elle évoque toujours un ermite perdu dans ses montagnes.

Des légendes innocentes s'attachent à ces temples candides, avec leur langage noir et blanc de diamants, cercles, flots et feu. Un orme, devant le Baptistère, aurait soudain verdi, en plein hiver, comme le corps de saint Zénobe passait, porté en procession ; un pilier commémore cet événement. Deux colonnes de porphyre, encadrant la porte est du Baptistère, content l'histoire d'une perfidie pisane : il s'agissait de deux colonnes magiques, sur la surface polie desquelles pouvaient se lire les machinations et les complots contre l'État. Les Florentins les avaient enlevées, comme prise de guerre, aux Sarrasins, lors de l'expédition contre les Baléares, mais les Pisans, avant de les remettre à Florence, les passèrent dans une fournaise qui altéra leur lustre, et détruisit l'enchantement. Au-dessus de la porte des Santi Apostoli, l'église des Apôtres, sur la minuscule Piazza del Limbo, là où étaient inhumés les enfants non baptisés, une inscription en latin informe que l'église fut construite par Charlemagne et consacrée par l'archevêque Turpin, avec Roland et Olivier pour témoins. Cette petite église, où La Pira distribuait du pain aux pauvres, le dimanche, renferme quelques éclats de pierre censés provenir du Saint-Sépulcre, et rapportés par un dénommé Pazzino de' Pazzi, qui fut le premier à escalader le mur de Jérusalem, lors de la première croisade ; chaque samedi saint, ces éclats sont transportés au Baptistère, et c'est en tirant d'eux une étincelle que l'on allume le feu de Pâques, lequel est ensuite mené, en procession, jusqu'au Dôme. Là, au cours de la grand-messe, et tandis que résonnent les premières notes du *Gloria*, une colombe mécanique, munie d'une fusée, est allumée dans l'abside, avec le feu sacré, et envoyée au-dehors, le long d'un câble métallique, jusqu'au *carro*, ou char de guerre florentin, chargé de fusées pyrotechniques ; si la colombe fait bon voyage et allume bien le feu d'artifice, l'année sera fertile pour les récoltes. Dans ces légendes, dans ces rites, apparaît clairement l'héritage rural de Florence. Le modèle de base des premières églises florentines, par contraste avec le luxe de Pise, de Lucques, de Venise, de Sienne, est peut-être l'étable de Bethléem – *avant* l'arrivée des Rois mages. Une version plus rustique encore de la cérémonie de la colombe de Pâques avait lieu à Empoli, là où, aujourd'hui, les femmes s'assoient sur leur seuil, et tressent des articles de paille pour le Mercato Nuovo ; on envoyait, par la fenêtre de l'église principale (plaquée de marbre vert et blanc, disposé selon les mêmes motifs géométriques florentins), un âne mécanique, grandeur nature, qui faisait la navette jusqu'à la place ; le dernier de ces animaux est préservé dans le petit musée d'Empoli.

En général, les villes présentant l'architecture pisane, avec ses rayures, étaient gibelines, comme Pise elle-même, qui bénéficiait d'une faveur spéciale auprès de l'empereur, grâce à sa flotte, et les villes décorées de motifs géométriques, Florence, Fiesole et Empoli, étaient guelfes. Une exception doit être faite pour Lucques et pour Prato, villes guelfes sous la domination gibeline. Mais quel qu'en soit le style, florentin, pisan, ou pisan-lucquois, le bichromatisme dominait en Toscane, durant toute la période romane, et les noir et blanc, ombre et soleil, plan et relief qui réapparaissent toujours sur les façades des vieilles églises évoquent ce que l'on a appelé l'échiquier de la politique médiévale de la Toscane, alternance entre Guelfes et Gibelins, Pape et Empereur, Noirs et Blancs. C'était en ces termes d'antinomie fondamentale, sans nuance, que les Toscans voyaient et concevaient les choses. La dernière façade à motifs géométriques, et l'une des plus belles, fut achevée par Leon-Battista Alberti, médiateur du classicisme dans la Renaissance : c'est Santa Maria Novella, l'église des prêcheurs dominicains de Florence.

Lucques était essentiellement une ville guelfe ; Pise, son ennemie naturelle, était gibeline. Prato était guelfe ; Pistoia, à quelques kilomètres, gibeline. Florence était guelfe ; Sienne, gibeline. Chaque case noire de l'échiquier était flanquée d'une case blanche, radicalement antagoniste sur le plan politique. Les couleurs changeaient parfois ; si Pise devint, brièvement, guelfe, Lucques fut un moment gibeline. La voisine la plus proche, la plus puissante, était une ennemie « naturelle ». De plus, chaque ville possédait, en son sein, une faction d'opposants. Les Gibelins florentins, guidés par les vieilles familles de la noblesse, soutenant l'Empereur, étaient des alliés de Sienne, tandis que les Guelfes siennois, marchands et citoyens, l'étaient de Florence.

La politique du parti victorieux, une fois la ville en son pouvoir, était de brûler les maisons et les tours de la faction vaincue, et de chasser ses adversaires; l'Italie était ainsi pleine de ces *fuorusciti*, complotant et tirant des plans, comme le font tous les exilés, pour réintégrer leur cité. Ces *fuorusciti*, toujours prêts à susciter un conflit, à signer n'importe quelle alliance pour prix de leur retour, représentaient un danger intérieur permanent, tandis que ceux qui étaient demeurés en ville, leurs amis et relations (car on ne pouvait pas tous les exiler) constituaient un danger intérieur non moins permanent, lequel se révélait plus redoutable encore en temps de guerre.

Non seulement Pistoia, mais presque chaque ville de Toscane possède son histoire de garnison soudoyée, ou de commandant prêt à ouvrir les portes à l'ennemi : *Il Traditore*. Dans ces cités au commerce prospère, la vie était d'une insécurité effrayante; la trahison était chose normale. N'importe qui – un citoyen mécontent, un noble, un prélat – était un traître potentiel, et c'est pour cette raison même que le traître, l'homme aux deux visages, était l'objet d'une horreur, d'une répulsion inconcevables aux yeux d'un non-Italien. Le fait que la trahison soit chose courante ne la rendait que plus abominable, comme un piège dissimulé au cœur du quotidien, telles ces mines oubliées par les nazis au cours de la Seconde Guerre mondiale, dans les maisons de campagne occupées – mines cachées dans un fauteuil, dans un citronnier du jardin, dans un livre sur une étagère de la bibliothèque, et qui exploseraient souvent des mois plus tard, au milieu d'une vie redevenue normale. De plus, le chemin de la trahison était pavé de bonnes intentions, et le double jeu était facilité par l'existence de deux poids et deux mesures. Dante, par exemple, plaçait les traîtres dans le cercle le plus bas de l'enfer, mais lui-même, Guelfe blanc en exil, vivant à la cour de la Ca' Grande, à Vérone, dans un foyer de *fuorusciti* gibelins, suggérait à l'Empereur de reprendre en main l'Italie défaite, et aurait sans doute livré volontiers sa ville natale aux forces impériales, cela eût-il été en son pouvoir.

Ces deux poids, deux mesures, réapparaissent sous une autre forme chez Machiavel, cet autre génie florentin, lui aussi condamné à l'exil, dont l'œuvre a frappé le monde comme une énigme fascinante ; son conseil à Laurent de Médicis, despote potentiel (non pas le grand Laurent le Magnifique, mais le méprisable duc d'Urbino, que l'on peut voir casqué, assis et pensif, sur l'une des tombes des Médicis de Michel-Ange), apparaît parfois comme une suggestion franchement cynique, et parfois comme un discours à double entente, destiné presque à être compris à l'envers, comme une critique masquée, mais violente, de la chose politique. Tout comme Pistoia donna le « pistolet », le « Vieux Nick » (Niccolò Machiavelli) est devenu en anglais un autre nom du diable, c'est-à-dire le traître en soi, le *fuoruscito* tombé des cieux ; cependant, on ne peut lire Machiavel sans ressentir la présence, derrière ses froids conseils sur la manière d'exercer la tyrannie, d'un autre ingrédient dissimulé, d'une passion de la liberté qui se manifeste, comme les poisons à action lente de l'époque, dans son *Histoire de Florence* et dans ses *Discours*.

Les rapides changements de la politique italienne, au Moyen Âge et durant la Renaissance, invalident toute définition générale, à presque toutes les périodes de cette époque. Le parti des Guelfes, sommairement, était celui de la papauté et des intérêts commerciaux ; les Gibelins étaient attachés au Saint Empire romain germanique, et représentaient la vieille noblesse féodale. Lorsque l'Empereur traversa les Alpes, le pouvoir des Gibelins se fit prédominant, et de nombreuses villes changèrent de couleur, chassant les Guelfes hors de leurs murs ; lorsqu'il rentra chez lui, ce fut au tour des Gibelins de partir. Un pape fort signifiait un fort pouvoir guelfe, et inversement. Mais ces distinctions étaient aussi brouillées par les rivalités locales, par l'intervention des Normands ou des Angevins, par les questions religieuses, par la haine que suscitait tel tyran ou tel condottiere, par l'achat et la vente des villes conquises. Et la politique sinueuse menée par le pape aussi bien que par l'empereur, ainsi que la naissance de puissants mouvements anti-papistes et anti-impériaux ne faisaient qu'ajouter à la confusion.

La distinction entre Guelfes (le commerce) et Gibelins (la féodalité) apparaît toutefois clairement si l'on compare Florence à Sienne : la première, basse, solidement campée sur son fleuve, avec ses rues disposées en rayons relativement rectilignes, ses ocres et ses bruns, ses sculptures empreintes de noblesse et son architecture robuste ; la seconde, semblable à une vision de chevalerie, de brique flamboyante au sommet de ses collines, cernée de murs, avec des palais gothiques et des rues qui la gravissent en spirale, comme un labyrinthe, jusqu'à la farouche et riche cathédrale en son centre, sa peinture mystique, ses ors, ses roses, ses noirs et rouges, ses anges et ses Vierges de bois peint. « Nous, les paysans, nous n'aurions jamais pu faire ça», déclarait un Florentin lors de l'inauguration du Belvédère, désignant, d'un air de regret, une fresque représentant la Vierge, dans la manière du gothique siennois. «Nous, les paysans», en revanche, découvrirent la science du volume, avec Giotto, et implantèrent la peinture, bien posée sur ses quatre pattes, massive, sur la terre. On ressent toujours cet antagonisme entre les deux villes; les touristes qui «adorent» Sienne détestent Florence, et l'aristocrate siennois ne met pas les pieds à Florence. S'il est en manque de conversation intellectuelle, il invite des professeurs de cette ville à passer la soirée dans son palais. Le Palio de Sienne, avec son héraldique et ses costumes, est une course de cavaliers, disputée autour du Campo; à Florence, on joue au football en costume médiéval, sur la Piazza della Signoria. Il y a là toute la différence entre le chevalier et l'homme du commun.

La plupart des villes de Toscane, comme les Toscans du Moyen Âge et de la Renaissance, possèdent une personnalité très marquée, comme si le principe d'individualité, dont parlaient les professeurs, s'était affirmé ici avec une force mystérieuse, et que chaque ville, chaque citoyen, avait décidé de parfaire et de cultiver sa propre identité. Cette attitude s'est perpétuée presque jusqu'à nos jours, Sienne devenant de plus en plus «siennoise», et Florence de plus en plus «florentine». Au Moyen Âge, les deux villes devaient paraître plus semblables qu'aujourd'hui, étant toutes deux des cités de commerce et des centres financiers, avec une forte vie civique, une importante classe d'artisans hautement qualifiés, et une noblesse féodale confinée dans l'enceinte de la ville.

Ce sont ces nobles qui introduisirent le ferment permanent de la rébellion, si désastreux pour

Florence, en particulier dans la vie citadine. Tous les historiens de Florence évoquent l'orgueil insupportable de la noblesse. Depuis leurs châteaux dans les montagnes du Mugello et du Casentino, ils n'avaient cessé de ravager périodiquement les campagnes, comme les ogres des légendes ; typique de cette caste était un certain Guido Bevisangue (Buveur de sang) ; également, Guido Guerra (Guerre). Quand les marchands de Florence s'emparaient d'un de ces nobles au cours d'une bataille, ils incendiaient son château, et le contraignaient par traité à demeurer en ville pendant une partie de l'année. Cette pratique devait être suivie par Lucques et Sienne. La singulière tranquillité de la campagne toscane, la solitude, la nudité presque chinoise des collines entre Florence et Sienne sont dues à ces guerres de pacification, qui remontent au XIe siècle, livrées par les villes contre les nobles, ou magnats, comme on les appelait à Florence. Comme les villes acquéraient de la puissance, châteaux et fortifications tombèrent les uns après les autres, laissant la campagne déserte, vidée de ses habitants. Seules demeurent les tours de San Giminiano, dressées contre l'horizon comme un mirage de gratte-ciel, pour dire au voyageur contemporain à quoi ressemblait cette région, lorsque chaque colline était couronnée d'un château féodal, d'un village, et d'un bosquet de tours appartenant à un seigneur, lequel était en réalité une sorte de bandit de grand chemin, percevant des octrois quand il ne détroussait pas les caravanes de marchands qui traversaient son domaine. Les paysages gris-brun, comme de papier froissé, de la peinture du Trecento, avec leurs précipices abrupts, leurs cimes et leurs plateaux de pierre nue, bien que relevant de la convention picturale, donnent une idée de ce qu'était la campagne toscane au Moyen Âge ; sorte de terrain vague ou de désert caillouteux, montagneux, destiné seulement à l'ermite, ou au moine mendiant, avec sa robe brune et sa ceinture de corde, agenouillé pour prier Dieu.

Plus tard, sur les collines, on devait planter des oliviers, des vignes, des cyprès, des pins parasols ; à proximité des villes, se dressèrent d'élégantes villas, avec des jardins et des terrasses, des citronniers en pots. Cependant, la beauté particulière du paysage toscan réside dans un mélange de gestion agricole, ainsi que de majesté et de silence impressionnants, originels ; les oliviers argentés, les différents verts des récoltes, apparaissent comme un voile, brodé sur la terre brute, masse géologique de cônes, de dépressions, de triangles nets laissés par un glacier disparu. L'ère de la chevalerie, qui avait transformé la Vénétie en une légende magique, chaque colline, au loin, coiffée d'un château rose, a été effacée de la carte de Toscane par les guerres livrées par les villes. À part une ruine ici et là, quelques vestiges d'un mur gris ou d'une tour, la Toscane rurale n'offre que des couvents et des abbayes comme *ricordi* de l'époque médiévale, car c'était une contrée idéale pour la sainteté ; les ermites et les mystiques s'installèrent nombreux ici, vivant dans des grottes ou des cavernes, priant, contemplant leurs visions, fondant des monastères. La Toscane attirait particulièrement les saints irlandais et écossais ; beaucoup y furent inhumés, laissant leur nom à des églises ou à des villages, comme San Frediano, à Lucques, et San Pellegrino (qui signifie simplement « pèlerin ») delle Alpi. Le frère de sainte Brigitte, André le Bienheureux, fonda le monastère de San Martino, sur la Mensola, une rivière qui se jette dans l'Arno près de Florence, et elle-même devait le rejoindre, d'Irlande jusqu'en Toscane, portée sur les ailes d'un ange, comme il le demandait dans ses dernières volontés. Elle bâtit alors une église, de ses mains, et se retira du monde, vivant dans une caverne, dans les collines.

Les nobles du *contado*, incapables, dans leur rusticité, d'écrire leur propre nom, ainsi qu'en témoignent les documents de l'époque, étaient à peine christianisés ; ils prenaient plaisir à piller couvents et monastères, à jouer des tours pendables aux moines et frères lais qu'ils capturaient au cours de leurs « descentes ». Une fois « pacifiés », ils apportèrent avec eux à Florence, de leurs repaires féodaux des collines, cette habitude de construire des tours, comme des animaux – des taupes ou des castors –, suivant l'instinct de leur race. Ils apportaient également en ville la querelle sanglante et la *vendetta*. Les premières tours s'élevèrent à Florence au XIe et au XIIe siècle ; elles étaient bien plus de cent, concentrées dans le vieux quartier, autour du Mercato Vecchio et de ce qui est aujourd'hui la Piazza della Signoria. Ces tours grossières – tour du Lion, tour de la Puce, tour du Serpent – devinrent les symboles de cette supériorité arrogante, de ce tempérament âpre et insolent que leurs voisins attribuaient depuis toujours aux Florentins : « *Gent'è avara, ïnvidiosa, e superba.* » C'était là, disait Dante, la réputation des Florentins, de toute éternité, même s'il rapporte ailleurs que les Pisans les considéraient comme une bande de sauvages descendus de leurs montagnes.

« Mesquins, envieux, et orgueilleux », les Florentins étaient possédés par un sens féroce de l'indépendance et de la rivalité, par une détermination à ne se laisser dépasser par personne. Telle était, tous les chroniqueurs en conviennent, la cause de leurs tumultes internes : une ambition effrénée et, en corollaire, une jalousie sans borne. Chacun voulait être le premier, et personne ne supportait d'être devancé. Les tours se faisaient toujours plus hautes, tandis que les citoyens copiaient les nobles, et la ville s'apparenta bientôt à une sorte de Babel cent fois reproduite, dont beaucoup de tours s'élevaient jusqu'à soixante-dix mètres, et d'autres plus haut encore. En 1250, année de la première démocratie (Primo Popolo), une loi ordonna de réduire la hauteur des tours des deux tiers, ce qui aurait dégagé assez de matériau, dit-on, pour prolonger les remparts de la ville, au-delà de l'Arno. Une tendance démocratique s'était fait jour très tôt à Florence, parmi les artisans les plus modestes, face à l'orgueil des nobles et à l'avidité des notables. La mise à niveau des tours, à une hauteur commune (aucune ne devait excéder trente-deux mètres) était le symbole de ce processus de nivellement. Aujourd'hui, presque toutes ont disparu ; vue de l'autre rive du fleuve, du Piazzale Michelangelo, là où se dresse une copie du *David*, le géant assassin, Florence apparaît comme une ville plate, dont l'horizon étale, uniforme, n'est brisé que par la tour du Palazzo Vecchio, celle du Bargello, les trois grands dômes de Brunelleschi – Santa Maria del Fiore, San Lorenzo, Santo Spirito – et par les campaniles du Dôme, de la Badia, et des deux églises des ordres prêcheurs – Santa Maria Novella et Santa Croce. Depuis l'époque d'Arnolfo di Cambio, qui commença à réaliser le Dôme en 1296, juste après la chute de la seconde démocratie, un des traits caractéristiques de l'urbanisme florentin a toujours été la nette mise en valeur des horizontales.

À l'origine, cependant, les tours n'avaient pas un simple rôle ostentatoire de vitrine de la grandeur d'une famille. Elles étaient destinées à soutenir un siège, tout comme jadis, dans les montagnes, mais au cœur de la ville à présent, lors des querelles qui s'étaient déclarées entre des familles ou des clans, entre une famille et le reste du *comune*. Chaque famille, ou regroupement de familles, possédait une tour adjacente à la maison du chef de clan, reliée par un petit pont à l'étage supérieur de la demeure. Les familles les plus puissantes en avaient plusieurs, serrées les unes contre les autres, ou dispersées dans la cité. Une fois sa vengeance perpétrée, le clan se réfugiait dans sa ou ses tours, jetant des pierres ou de la poix brûlante sur ses assiégeants, dans la rue. Les maisons adjacentes aux tours des belligérants, lorsqu'elles n'étaient pas entièrement incendiées, elles étaient souvent détruites par les lourdes échelles utilisées par les assaillants. On dressait des barricades dans les rues, et il était plus avisé de ne pas sortir de chez soi pendant ce genre de conflit. On put voir des ouvriers s'employant à réparer le Ponte Vecchio, après une grande crue, revêtus de cottes de mailles, armés de haches, travaillant sous la bannière déployée de leur paroisse, afin de se protéger des magnats en lutte. C'était en 1178, année où, une fois de plus, le flot avait emporté dans l'Arno la statue de Mars ; l'année précédente, les Uberti, ancêtres de Farinata, avaient déclenché la première guerre civile à Florence. Celle-ci, qui les opposait à l'oligarchie régnante, devait durer deux ans, et détruire par le feu la moitié de la vieille ville. Pendant ce temps, rapporte Davidsohn, citant un texte du XIVe siècle, les citoyens en proie au désespoir se réunissaient, évoquant l'éventualité de quitter Florence pour fonder ailleurs une nouvelle ville.

Plus tôt, au XIe siècle, un jeune noble passionné et analphabète, se rendant à San Miniato, le vendredi saint, rencontra par hasard l'homme qui avait assassiné son frère ; spontanément, peut-être parce que c'était un jour saint, peut-être parce que l'homme tendait les bras pour implorer sa pitié, dans le geste de Jésus supplicié, il l'épargna et, pénétrant dans l'église, s'agenouilla devant un Christ peint qui penchait gravement la tête vers lui, lui ordonnant la retenue. C'était saint Jean Gualbert, fondateur de l'ordre des Vallombrosiens, personnage extraordinaire dont la lutte contre la simonie devait se révéler d'une importance cruciale, pour le renouveau religieux du XIe siècle, mais qui est resté dans l'histoire, non comme un pionnier, un réformateur de l'Église, mais comme l'homme qui a renoncé à vider une querelle de sang. En réalité, c'était un Florentin typique, qui sema le tumulte dans la cité, tout au long des quarante années suivantes, avec ses moines bagarreurs et leur clique, causant un immense scandale qui embarrassait le pape Urbain II, lui-même réformateur et brandon de discorde. Jean Gualbert devait faire de Florence le quartier général du mouvement réformateur, portant la querelle jusque sur la Piazza del Duomo, où ses moines surgirent l'épée à la main, pour affronter la faction de l'évêque. En une occasion, on vit de pieuses femmes éponger et recueillir le sang versé avec des linges, ensuite conservés dans des reliquaires. Le saint, cependant, demeurait dans son monastère de la forêt de Vallombrosa, dirigeant les opérations, luttant contre le péché de chair auquel sa nature virile le poussait, et apprenant à écrire son nom.

Diverses sectes religieuses de toute nature fleurissaient dans la Florence médiévale, qui oscillait entre un fanatisme extrême et une tolérance équanime et éclairée. C'était, d'une part, un des cœurs de l'Épicurisme, au sens où on l'entendait à l'époque (Farinata degli Uberti aurait été lui-même un épicurien, c'est-à-dire un païen sceptique et matérialiste, s'adonnant aux plaisirs de la chair) ; par ailleurs, c'était un foyer de puritanisme, théorique et effectif. L'hérésie patarine, comparable à celle des Albigeois, fit ici des milliers de convertis au cours du XIIe siècle, et au début du siècle suivant. Florence, en fait, était le siège du « diocèse » patarin, le plus puissant d'Italie, qui possédait son évêque et son clergé. Cette secte puritaine croyait que notre monde était entièrement conduit par le diable ; ils étaient végétariens, pacifistes, et refusaient le mariage, ainsi que tout serment ; ils ne croyaient pas au baptême, ni à l'Eucharistie, ni aux prières, ni aux aumônes pour le repos des morts, pas plus qu'aux reliques, images et effigies, et pensaient que tous les papes, depuis saint Sylvestre (responsable de la « Donation de Constantin », c'est-à-dire du pouvoir temporel de l'Église), étaient voués à la damnation éternelle. Ces doctrines sectaires exerçaient une attraction profonde sur les Florentins, toujours avides de réformes religieuses, comme ils l'étaient de la création d'un État idéal. En saint Jean Gualbert et les premiers ermites de Toscane, on peut voir les précurseurs, comme autant de baptistes hirsutes, du grand mouvement de renouveau franciscain et, enfin, de Savonarole. C'est, sans doute, à cause de ce courant de zélotisme qui traverse le tempérament florentin que, de nos jours, les églises de la ville nous frappent par leur aspect « protestant » ou « réformé », par comparaison avec celles de Lucques, de Sienne, de Venise, de Rome. Les Florentins ont, dans les deux sens du terme, une nature iconoclaste, destructrice d'images. Si Savonarole avait triomphé, nul besoin de Luther.

Dès le XIe siècle Florence anticipait sur la réforme. La lutte contre la simonie et le trafic des charges religieuses était, sur le fond, équivalente à celle contre les indulgences. Mais il est tout aussi typique de cette ville, si changeante dans ses extrêmes, si noire et blanche, si « tout ou son contraire », qu'un mouvement comme la contre-Réforme soit né là, au XIIIe siècle, lorsque l'Inquisition, sous saint Pierre martyr, mit en place deux groupes laïques, les Croceseganti et la Compania della Fede, afin d'exterminer le gouvernement patarin. Cette guerre se déroula dans les rues. Pierre, revêtu de son habit de dominicain, brandissant une bannière sur laquelle s'étalait une croix rouge, menait sa confrérie, composée de vrais soldats, à la bataille. C'est non loin de Santa Maria Novella où, en chaire, il lançait ses exhortations furieuses, que devait avoir lieu l'horrible massacre des Patarins, l'endroit en est indiqué par une croix appelée la Croce al Trebbio, et par une étrange colonne solitaire. Une autre colonne, près de l'église Santa Felicita, de l'autre côté de l'Arno, non loin du Ponte Vecchio, indique le lieu d'un autre massacre religieux. Dans la Chapelle espagnole du cloître de Santa Maria Novella, on peut voir le saint Inquisiteur, avec son habit de dominicain noir et blanc, entouré d'une meute de chiens noirs et blancs (les Chiens de l'Inquisition) qui l'aident à renifler l'hérésie. Le saint devait mourir poignardé (ce qui fit de lui un « martyr ») par un hérétique, tandis qu'il se rendait de Côme à Milan. Dans la peinture de l'Italie du Nord, on le représente le plus souvent avec une dague plantée dans le crâne ; les Florentins l'ont parfois montré les doigts posés sur les lèvres, symbole de l'Inquisition, pense-t-on. La Chapelle espagnole est ainsi nommée parce que la suite espagnole d'Éléonore de Tolède, femme de Cosme Ier, avait pour coutume d'y assister à l'office ; aux murs, les fresques du Trecento représentant la victoire de l'orthodoxie sur l'hérésie, et qui nous paraissent aujourd'hui relativement anachroniques dans leur sujet, devaient correspondre, au début de la contre-Réforme, à une image réaliste du monde – il n'y manque que le chevalet de torture et les fagots du bûcher. Cependant, l'armée de Pierre martyr, s'étant débarrassée des Patarins, se dévoua à de bonnes causes, fondant des hôpitaux, s'occupant des malades. Ce rassemblement, à présent connu sous le nom de Compagnie de la Miséricorde, avait son foyer à la Loggia del Bigallo, à côté du Dôme, et devait devenir, plus tard, la Croix-Rouge. Parfois, on peut encore entrevoir un de ces frères, masqué et la tête recouverte d'un capuchon noir (leur identité est officiellement tenue secrète, au nom de l'humilité), sortant d'une ambulance avec une civière, à la nuit tombante, dans un des quartiers les plus pauvres – Santo Spirito, Santa Croce ou San Frediano – pour emmener un malade à l'hôpital.

De tels changements sont aussi caractéristiques du comportement politique de la Florence médiévale qu'ils le sont de son comportement religieux, et en matière politique également, ils sont marqués par des épisodes singulièrement cruels. Une sorte de courant alternatif, à fréquence très rapide, semble parcourir ce peuple comme une charge électrique redoutable. Personne ne pouvait sans danger occuper un poste public, et les accusations d'hérésie se mêlaient aux accusations de trahison. On appelait les Guelfes *« traditori »*, et les Gibelins « Patarins. » « Autrefois comme aujourd'hui », écrivait le chroniqueur Giovanni Villani, « quiconque à Florence s'est mis à la tête du peuple s'est toujours vu humilié par ce même peuple, qui n'est jamais enclin à louer qui le mérite, ni à reconnaître sa valeur. » Il parlait de la chute de Giano della Bella, son contemporain, rigoriste en matière de politique, et première figure tragique de l'histoire politique, après Brutus. Homme parfaitement désintéressé, aristocrate mué en roturier par amour de la justice, il avait été accepté par le peuple comme chef de la lutte pour une « pleine démocratie », à la fin du XIIIe siècle, ce qui consistait à augmenter le nombre des électeurs en élargissant le champ des « Arts » ou des corporations, pour y inclure de modestes marchands et artisans – marchands d'huile, aubergistes, couteliers, menuisiers, boulangers, etc.

L'ardeur de Giano contre les nobles sans foi ni loi de sa propre caste et les « intérêts particuliers » des puissants groupes de la laine et de la finance (représentés, à cette époque, par les Guelfes) inspirèrent les effrayantes « Ordonnances de justice » (1292-94), réel instrument de terreur qui donnait à l'informateur politique un statut officiel dans la société, pour la première fois dans l'histoire de la démocratie. Ces Ordonnances de justice furent cause des injustices les plus grandes : les offenseurs (c'est-à-dire les anti-démocrates ou les non-démocrates) pouvaient être condamnés sur une simple rumeur, en fonction de l'opinion commune, sans qu'il soit besoin de preuve ; les nobles étaient exclus de toute charge, de tout honneur, et chaque individu devait répondre des crimes commis par un membre de sa famille. On installa des isoloirs, ou *tamburi*, devant le palais du Podestat (le Bargello) et la demeure du Commissaire du peuple, destinés à recevoir les dénonciations anonymes. Soixante-treize familles se virent déchues de leurs droits civiques, et les familles, à cette époque, constituaient de véritables tribus ; un homme, par exemple, avait trente cousins et neveux sous les armes. C'est durant cette période du Secondo Popolo que beaucoup de familles aristocratiques changèrent de nom et se firent plébéiennes, afin de se fondre dans le paysage, tout comme les juifs d'Espagne et du Portugal se faisaient baptiser, durant l'Inquisition : les Tornaquinci devinrent les Tornabuoni, les Calvacanti les Campoli, et les Marabottini les Malatesti.

Giano lui-même devait être victime de cette atmosphère de soupçon et de terreur. Les Guelfes firent circuler l'idée d'un « danger gibelin », et Giano fut bientôt dénoncé comme « séditieux », à la suite d'une subtile ruse de Corso Donati. Toujours idéaliste, il s'exila volontairement, au nom de la paix publique, ce qui ne l'empêcha pas d'être condamné, *in absentia*, ainsi que (selon ses propres principes) toute sa famille. Ses maisons furent détruites, et il acheva son existence à l'étranger, comme *fuoruscito*, gérant en France une filiale de la banque de la famille Pazzi. « Giano était un homme sage », dit Villani, « mais quelque peu présomptueux. »

Au cours d'un autre soulèvement populaire, peu après la chute de Giano, les nobles furent contraints de vendre leurs grandes arbalètes à la République, et, en 1298, on commença d'édifier le Palazzo Vecchio, afin de protéger la Seigneurie des attaques des nobles. Mais le pouvoir des magnats et des notables nouvellement enrichis (appelés les « gros » *popolani*) ne pouvait être ainsi bridé. Bientôt – en juin 1304 –, les Dontia, Tosinghi et Medici se jetaient de nouveau les uns contre les autres, incendiant leurs palais respectifs, et le cœur de la ville était de nouveau à feu et à sang. Les maisons de bois des pauvres gens, dans les quartiers est de la ville, étaient anéanties dans ces rivalités entre grands. On essaya la grève, pour protester, mais sans succès. Puis, en 1378, se déclara la révolte des Ciompi, les cardeurs de laine, au cours de laquelle un prolétaire aux cheveux rouges, un individu remarquable appelé Michele di Lando, cardeur dont la femme vendait des légumes, prit le pouvoir et devint gonfalonier de la justice. Lui aussi, bien qu'homme de bon sens et de modération, finit en exil. Le père de Donatello, cardeur également, devait s'illustrer au cours de la révolte des Ciompi et, ayant été désigné comme « meneur », s'enfuit à Lucques, où il séjourna quelque temps avant de rentrer, quand le terrain lui parut plus sûr ; le *popolo minuto*, la classe laborieuse de Florence, sans être aucunement représentée dans les grandes corporations des classes moyennes, n'en possédait pas moins une forte conscience politique. Le peuple de

Florence était, en fait, politiquement trop évolué pour être simplement gouverné ; la menace de la démocratie directe, de la loi de la rue, pesait sans cesse, et quelle que fût la brièveté d'un mandat (parfois six mois seulement), il paraissait en général trop long. Florence essaya quasiment toutes les formes possibles de gouvernement. C'est ce qui rend son histoire « transparente et typique », comme Burckhardt le disait d'Athènes. Si l'incorruptible Giano della Bella semble préfigurer le Saint-Just de la Révolution française, Michele di Lando, avec son organisation d'ouvriers du textile, surgit du XIVe siècle, presque un siècle après Giano, comme une prémonition des fileurs et tisseurs du Lancashire, dans l'Angleterre de la révolution industrielle, éclairés d'un *chiaroscuro* à la Dickens fait de fumées d'usine, de torches d'hommes en marche et de flammes d'éloquence.

Les Florentins adoraient les discours. Au son de la grande cloche, ils accouraient sur la Piazza della Signoria pour écouter ce qu'on allait leur annoncer. L'*arringa*, la harangue, était au départ un discours spécialement préparé par les consuls pour être lu au peuple assemblé. Un témoignage datant du début du XIIIe siècle nous décrit la méthode utilisée par l'orateur pour soulever le peuple et l'inciter à la guerre ou à la vendetta. Il prenait des poses outrageusement belliqueuses, faisant des grimaces abominables, sourcils froncés, bras levés en gestes menaçants ; cette pantomime, évoquant les danses guerrières des sauvages, était apparemment considérée comme un spectacle. La conviction de l'acteur exprimait la politique suivie par l'État. On tient toujours des réunions politiques sur la Piazza della Signoria, et le public s'y rend toujours comme au spectacle : à la nuit tombée, un orateur communiste apparaît sur un podium dressé sous les arcades de la loggia, crachant la foudre et le feu, tandis que s'agitent des centaines de drapeaux rouges et que les ombres géantes de David, Persée et Hercule recouvrent l'assemblée des Florentins curieux. Cette place semble être conçue pour les réunions politiques, et ne prend sa forme précise que remplie par la « marée » des électeurs, s'écrasant comme des vagues contre les murs des bâtiments et clapotant autour des hauts socles des statues. En de telles nuits, l'éloquence et la statuaire semblent intimement mêlées et, de fait, il n'est pas exclu que le réalisme de la sculpture florentine, singulièrement évident dans les *Baptiste* sauvages de Donatello, doive quelque chose à ces anciennes pantomimes, ou discours-spectacles. Un des trésors du Musée archéologique est une statue de style étrusque appelée *Arringatore* (IIIe siècle av. J.-C.), censée représenter un certain Aulus Metellus faisant un discours.

Avant de partir en guerre, on écoutait des exhortations martiales, et, après une victoire, la coutume était de colporter de petits poèmes insultant l'ennemi. Cette pratique très ancienne à Florence, puisqu'elle remontait à la reddition de Fiesole, devait être reprise ultérieurement par les autres villes de Toscane. Non seulement mise en vers, l'humiliation se traduisait aussi par des actes. Après la bataille de Campaldino, à laquelle Dante participa, les Florentins se rendirent à Arezzo vaincue, ville dirigée par un évêque combattant, et jetèrent par-dessus les murs une trentaine d'ânes morts, coiffés de mitres. Ces comportements grossiers, considérés comme typiquement florentins, devaient se perpétuer bien avant dans la Renaissance, et étaient parfois fort barbares. Les jeunes délinquants qui tournaient Savonarole en dérision, connus sous le nom de « Mauvais Compagnons », souillèrent d'ordure la chaire d'où il prêchait, au Dôme, y accrochant une peau d'âne puante, et plantant des fers de lance sur le rebord qu'il frappait de ses poings, dans ses moments d'éloquence. Quatre ou cinq siècles auparavant, la statue de Mars, au Ponte Vecchio, se voyait à chaque mois de mars couronnée de fleurs si la saison était bonne, et couverte de boue si elle ne l'était pas. Cette « vengeance » exercée sur le dieu (qui, pense Davidsohn, était en réalité une statue équestre de l'empereur Théodoric, ce que les Florentins ignoraient) était également typique de l'extrémisme florentin, de cette attitude de « tout ou son contraire ».

Les discours proférés sur la Piazza della Signoria se terminaient souvent en une confusion abominable, et des malheureux étaient mis en pièces. En 1343, après la chute du duc d'Athènes, un homme fut dévoré sur la Piazza della Signoria. Beaucoup plus tard, après l'échec de la conspiration des Pazzi, on pouvait voir, selon Machiavel, des morceaux de cadavres plantés sur des lances et éparpillés dans les rues, tandis que les routes menant à Florence étaient jonchées de chair humaine. Les cruautés perpétrées à Pistoia, au cours des luttes entre factions, auraient surpassé en barbarie celles commises à Florence, et la punition qui consistait à « planter » un traître, c'est-à-dire à l'enterrer vivant, tête en bas, était largement répandue dans toute la Toscane médiévale.

Les guerres, insurrections, émeutes qui occasionnaient ces actes abominables étaient souvent, parallèlement, empreintes d'une certaine beauté poétique, et d'une certaine loyauté. Le comte Ugolino della Gherardesca, capitaine de Pise, assiégeant Gênes, l'ennemie héréditaire, envoyait des flèches d'argent par-dessus les murs de la ville, en signe de mépris. (Cet homme, cela dit, était un traître, que Dante devait retrouver pris dans les glaces, dans le cercle le plus bas de l'enfer : son double jeu lui avait valu, ainsi qu'à ses fils et jeunes petits-fils, de mourir de faim dans une tour de Pise, appelée depuis la tour de la Faim.) Arezzo, pleurant sur le sort des Gibelins, après la défaite d'Henri VII*, remplaça, sur ses armes, le cheval blanc par un cheval noir. Le *carroccio* florentin, le char guerrier, était tiré par quatre paires de magnifiques bœufs blancs recouverts d'une cape écarlate, orné de lions sculptés dans le bois, et peint en vermillon. Une bannière rouge et blanche flottait, accrochée à un mât, surmonté d'une pomme dorée et décoré de branches de palmier et d'olivier. Une cloche et un prêtre accompagnaient le *carroccio* à la bataille ; le tintement de la première, tandis que la lourde voiture avançait en cahotant, indiquait aux combattants où se trouvait le prêtre, de manière que les mourants puissent recevoir l'absolution et les derniers sacrements. Il existait également une énorme cloche, la Martinella ou Campana degli Asini (la cloche des ânes) ; pendant trente jours, avant le début des hostilités, la Martinella résonnait depuis la grande porte de Por Santa Maria, afin de prévenir loyalement l'ennemi.

Castruccio Castracane, seigneur de Lucques, célébra sa victoire, en 1325, sur les Florentins à Altopascio par un retour triomphal dans sa ville, à la façon d'un général romain. Coiffé d'une couronne de laurier, et vêtu de pourpre et d'or, il avançait dressé dans un char tiré par quatre chevaux blancs, précédé par les prisonniers enchaînés, tel César, tandis que les *carrocci* de Florence et de Naples, son alliée, étaient tirés à contresens, en signe d'humiliation. Machiavel, deux siècles plus tard, devait infiniment admirer ce condottiere médiéval, génie militaire de

* Henri VII de Luxembourg, empereur d'Allemagne, appelé, selon le vœu de Dante, pour écraser Florence, dont lui-même avait été banni. *(N.d.É.)*

son pays et de son temps, qui cultivait son allure romaine, se revêtant de toges de soie écarlate. Il apparaît sur la scène toscane, à l'époque de Giotto, comme quelque vision, un *tableau vivant* de la Renaissance à son apogée; Piero della Francesca, plus d'un siècle plus tard, aurait pu le représenter dans un *Triomphe* délicieux, entouré de figures allégoriques, comme celui qu'il peignit pour Frédéric de Montfeltre, duc d'Urbino, et que l'on peut voir à présent à la Galerie des Offices. Heureusement pour Florence, qui n'aurait pu supporter la soif de gloire de Castruccio, ni son culte théâtral de la personnalité, il mourut d'un simple rhume, après l'une de ses victoires, et alors qu'il s'apprêtait à attaquer la ville.

Machiavel attribue à Castruccio nombre de phrases et de facéties cruelles, dans la biographie qu'il lui consacra, à la manière de Plutarque. Un exemple : invité à dîner par un riche citoyen de Lucques, qui venait de faire redécorer sa demeure dans le style le plus somptueux, le plus ostentatoire qui soit – tentures luxueuses, sol de mosaïque multicolore à motif floral – et après avoir bien regardé autour de lui, il cracha soudain au visage de son hôte, expliquant qu'il ne savait où le faire sans abîmer quelque chose. Cette anecdote acerbe, non dénuée de méchanceté, reflète bien la causticité florentine; ce pourrait être une histoire entendue aujourd'hui au Giacosa, Via de' Tornabuoni, ou chez Gilli, Piazza della Repubblica.

L'humour mordant et le réalisme des Florentins viennent de loin. De nos jours, ils adorent se donner des surnoms («le Lit défait», pour une dame un peu mûre; «le Cheval fourbu», pour un cavalier âgé; «le Miracle de saint Janvier», pour une vieille femme dont le maquillage coule); au Moyen Âge, ces appellations se fixèrent, devenant des patronymes. Davidsohn nous donne une liste des surnoms acceptés comme patronymes au cours du XIIe siècle, parmi lesquels : Le Sourd, L'Aveugle, Le Galeux, Le Boiteux, Bouche d'Or, La Belle *(Bella)*, Cheval, Vache, La Mule, Menteur, Pécheur, Lourdaud, La Merde, Ivrogne, Pharisien, Le Bandit, Mauvais-Conseil. Et les rues qui entourent le Dôme, jusqu'à notre siècle où beaucoup de leurs noms furent modifiés, portaient les appellations de Mort, Enfer, Purgatoire, Crucifixion, Notre-Dame-de-la-Toux, Derniers-Jours, Chemin des Potences, des Tombes, des Insatisfaits, du Besoin-Cruel, des Petits-Haillons, des Squelettes.

Selon Dante et Villani, la Florence du Moyen Âge ne connut guère que dix années de paix civile – les dix années bénites du Primo Popolo. Les historiens qui suivirent laissent la même impression. Dante voyait une parenté fatale entre Florence et Thèbes, cette autre cité du dieu guerrier, fondée par des combattants surgis comme une récolte des dents de dragons semées par Cadmos. Et les chroniqueurs, en effet, paraissent surpris de ce que Florence, comme Thèbes, n'eût pas péri de ses dissensions internes, qui l'affaiblissaient également face aux attaques extérieures. Contrairement aux Vénitiens, aux Pisans, aux Génois, aux Milanais, la République florentine, après avoir réussi à soumettre les nobles du *contado* et les villes plus petites du voisinage, ne devint pas une nation militaire ; le don des Florentins, c'était de se battre les uns contre les autres. Sur le champ de bataille, ils perdaient plus souvent qu'ils ne gagnaient. Ils n'étaient pas non plus très doués pour la diplomatie. Maintes fois, Florence, désunie, affaiblie, ne dut qu'au hasard de ne pas être totalement défaite ; par exemple, la mort de Castruccio Castracane, ou celle de Henri VII, ou encore celles de Manfred, de Giangaleazo Visconti, de Ladislaw, roi de Naples, lesquelles survinrent toutes à point nommé, de manière providentielle. L'intelligence, l'énergie, sont la source de la prédominance florentine, et de sa richesse, réputée fabuleuse. Mais cette richesse même constituait une tentation supplémentaire pour les ennemis. Que l'État ait survécu, dans de telles circonstances, n'a jamais pu être expliqué, par aucun historien.

CHAPITRE IV

« Quelle belle chose que cette perspective ! » La femme de Paolo Uccello disait que celui-ci passait régulièrement ses nuits à sa table de travail, absorbé par quelque problème de perspective et que, lorsqu'elle l'appelait pour qu'il vienne la rejoindre au lit, il répondait : *« O che dolce cosa è questa prospettiva ! »* Gémissement d'admiration, pensera-t-on, car la perspective se révélait une maîtresse sévère pour l'artiste. Le principe d'une régression ordonnée, destinée à créer l'illusion de la profondeur, avait été découvert à Florence par Brunelleschi, alors qu'Uccello était encore un jeune garçon travaillant dans l'atelier du sculpteur Ghiberti. Cette théorie était fondée sur la géométrie ; Brunelleschi avait étudié avec le grand mathématicien florentin Toscanelli, et avait même obtenu un *brevetto* de mathématiques. Afin de démontrer aux curieux le principe de sa découverte, il peignit un petit panneau muni d'une ouverture et représentant le Baptistère, vu de la porte du Dôme ; le spectateur regardait dans le trou, face à un miroir, et découvrait ainsi le point de fuite. C'était l'ancêtre de la chambre obscure, qui ne fut inventée qu'au XVIe siècle.

Florence, en cette aube de la Renaissance, vibrait d'excitation scientifique. Donatello était allé à Rome pour prendre les mesures des statues grecques, tandis que Brunelleschi, son ami, mesurait les temples romains. L'«art» et la «science» de faire étaient considérés comme une seule et même chose. On institua des lois pour tout mesurer, dans tous les domaines; on accumula des statistiques de toutes sortes. Toscanelli, en 1460, dressa une gigantesque aiguille de cadran solaire sous la coupole du Dôme, afin de déterminer le solstice d'été, les fêtes religieuses mobiles étant calculées selon le trajet du soleil et le Nombre d'Or. Les rayons solaires qui pénétraient dans Santa Maria del Fiore, projetés par cet appareil prodigieux, appelé «l'instrument d'astronomie le plus noble du monde», tombaient à quatre-vingt-dix mètres de là, sur un cadran fait de dalles de marbre, au pied de la tribune de l'abside. Ce gnomon, avec son doigt d'ombre, était un objet d'émerveillement, autant que de pure beauté, tout comme le dôme lui-même, considéré comme le tour de force technique le plus remarquable depuis l'Antiquité.

Le gnomon de marbre et la sphère armillaire, ou astrolabe, fixés comme ornements à chaque extrémité de la façade centrale, noire et blanche, de Santa Maria Novella, sont plus récents; ils furent commandés par Cosme Ier à l'astronome de la cour, Ignazio Danti, un moine dominicain. Laurent le Magnifique possédait une horloge qui indiquait les heures, les mouvements du soleil et des planètes, les éclipses, et les signes du zodiaque. Les Florentins ont une double prédilection pour l'astronomie et pour les sciences optiques. La lanterne d'un dôme, à laquelle les architectes florentins de la Renaissance accordaient tant de soin, était appelée *oculus*, l'œil de l'église. La légende veut que les lunettes aient été inventées par un Florentin, Salvino degli Armati, et Florence est aujourd'hui encore un centre mondial de la fabrication d'instruments d'optique. Les sphères armillaires, avec leurs anneaux montrant le trajet des planètes, étaient extrêmement populaires dans la Florence de la Renaissance, tout à la fois pour leur beauté et leur utilité. Le musée de l'Histoire des sciences en possède une collection remarquable, ainsi qu'une magnifique collection d'instruments d'optique. Il existe toujours trois observatoires à Florence, et c'est là, au XIXe siècle, que fut construite la première tour solaire.

Aux débuts de la Renaissance, l'astronomie, l'observation des corps célestes liait ces gens clairvoyants aux navigateurs. Toscanelli, professeur de Brunelleschi, conseilla également Christophe Colomb et le roi de Portugal. Pour les artistes florentins qui étudiaient dans son atelier, l'établissement des règles de la perspective linéaire rendaient possibles les voyages exploratoires dans un espace fictif, non moins extraordinaires que les voyages des navigateurs au sein de la géographie terrestre. Beaucoup de paysages du Quattrocento, ceux de Baldovinetti particulièrement, ont quelque chose de la carte aérienne ; les collines nues de Toscane autrefois peintes par Giotto et ses émules, portent à présent les traces bien nettes de l'agriculture. C'est cette qualité de précision cartographique qui distingue le paysage florentin (Fra Angelico, Benozzo Gozzoli, Piero della Francesca) des œuvres vénitiennes idéalisées qui devaient suivre. L'école florentine était équipée, peut-on dire, d'un étalon de géomètre. Ces cartographes d'atelier montraient le même goût pour la science, le même souci de précision dans leur conquête de l'espace, que les vrais cartographes de l'époque. Plus tard, Léonard de Vinci devait travailler comme ingénieur en chef pour César Borgia, et ses cartes sont demeurées célèbres. Le Nouveau Monde doit son nom, quoique de manière un peu fortuite, à un voyageur florentin, Amerigo Vespucci, représentant de la banque des Médicis.

Le peintre trouvait une aide pratique pour parvenir à la correction dans *Della Pittura*, petit traité de Leon-Battista Alberti, l'architecte du Quattrocento. Il y recommandait l'usage d'un voile fin, ou d'un filet, pour quadriller l'objet à peindre, comme du papier calque millimétré. Léonard de Vinci utilisa le filet, ainsi que Dürer. Certains écrivains lui attribuent également l'invention de la chambre obscure, ou d'un procédé assimilé. Outre cette aide technique, Alberti prodiguait des conseils sur les sujets à choisir, tirés de l'Antiquité : la Mort de Méléagre, par exemple, ou l'Immolation d'Iphigénie, ou la Calomnie d'Apelle. Il conseillait d'inclure dans la toile la présence d'un « commentateur », jouant le rôle du chœur : « Quelqu'un qui nous prévient, nous signale ce qu'il convient de voir dans l'œuvre, nous le désigne d'un geste de la main. » Une peinture devait être « copieuse et variée », c'est-à-dire comporter « des vieux, des jeunes, des jeunes filles, des femmes, des jeunes gens, des enfants, des volailles, des petits chiens, des oiseaux, chevaux, moutons, des bâtiments, des campagnes... Il doit y avoir des personnages nus, d'autres à demi dévêtus, et d'autres habillés. Mais toujours faire preuve de décence et de modestie. Les parties du corps déplaisantes à voir, ainsi que celles qui nous donnent peu de plaisir, seront recouvertes de draperies, de feuilles de fougères, ou de la main ».

Alberti était gentilhomme, et descendait d'une famille noble et puissante d'impériaux, ennemis de Florence, dont la place forte avait été Prato, plusieurs siècles plus tôt. En tant que tel, il se comportait en représentant de la « correction », d'un classicisme de bon aloi, sans rapport, somme toute, avec l'esprit et le génie de sa ville natale. Il tenta sans succès d'introduire l'ordre classique dans l'architecture florentine, qui refusait de se soumettre à un livre de règles. La tyrannie qu'il cherchait à imposer trouva un meilleur accueil auprès des dirigeants de Mantoue et de Rimini – les Gonzague et les Malatesta –, pour lesquels il réalisa son meilleur travail d'architecte, d'une richesse néo-classique. En tant qu'homme de lettres, il commit un faux – une comédie latine intitulée *Philodoxius* –, qu'il fit passer pour une œuvre de « Lépide », ancien poète romain.

Pour ses contemporains, pionniers de l'art, la nouvelle science de l'espace était plus qu'un simple moyen pour atteindre à la correction académique, ou à la justesse des proportions en peinture. C'était une merveille à demi surnaturelle, un mystère participant de l'inconnu ; pour un homme comme Uccello, il y avait là tout le charme de la magie. Le point de fuite, vers lequel convergent toutes les lignes d'un tableau, comme attirées par leur propre annulation, exerçait un pouvoir de fascination semblable à celui de l'horizon toujours inaccessible, vers lequel Christophe Colomb voguait avec son équipage en révolte – la limite du monde, ainsi qu'on le pensait à l'époque. Le point de fuite, si l'on se concentre sur lui, peut susciter un sentiment de vertige métaphysique, car c'est précisément l'endroit où le tableau devrait disparaître, un point zéro exerçant une attraction irrésistible sur la réalité concrète de la toile, comme pour tout engloutir – les vieux, les jeunes, les jeunes filles, les petits chiens, les moutons, bâtiments et campagnes – dans l'entonnoir de son propre néant. Autrement dit, le pivot même de l'œuvre, le principe qui gouverne son apparente cohérence, est aussi le lieu de sa dissolution. Uccello, fasciné par la perspective, fut le premier artiste « fou » des temps modernes.

De son vrai nom Paolo di Dono, sa famille était

originaire de Pratovecchio, siège de la farouche famille Guidi, au fin fond du Casentino, et Vasari dit qu'il fut surnommé Uccello, ce qui signifie « oiseau », en raison de l'abondance des oiseaux et des animaux dans sa peinture. Vasari le décrit également comme « un homme timide... solitaire, étrange, mélancolique, et pauvre ». Sa demeure était « toujours pleine de peintures représentant des oiseaux, chats, chiens, et tous les animaux étranges dont il pouvait se procurer des dessins, car il était trop démuni pour pouvoir posséder les bêtes vivantes ». Ses études scientifiques, pensait-on, lui avaient dérangé l'esprit. Lorsqu'il était possédé par quelque problème de perspective épineux, voire insoluble, il s'enfermait chez lui des semaines et des mois durant, sans se montrer. Un de ses rares amis était le mathématicien Manetti, avec qui il aimait à discuter des axiomes d'Euclide. Donatello, son autre ami, lui dit qu'il perdait son temps à dessiner des *mazzocchi* (sortes de couronnes de bois ou de paille que portaient les hommes du Quattrocento pour soutenir leur couvre-chef de tissu) avec leurs reliefs et leurs pointes, et des sphères à soixante-douze facettes, représentés en perspective, et sous différents angles. « De tels exercices », disait Donatello, « ne sont utiles que pour les artisans en marqueterie. » Dans ses vieux jours, Uccello, devenu trop bizarre, trop imprévisible pour qu'on fît encore appel à lui, se trouva parfaitement démuni, et dut supplier l'État pour qu'on lui fît grâce de ses impôts. Sur son avis d'imposition, il écrivit : « Je suis âgé, et sans ressources. Mon épouse est malade, et je ne peux plus travailler. »

Les leçons de perspective de Brunelleschi, dont s'était inspiré Masaccio pour créer ses personnages et ses scènes d'une majesté monumentale, plus grandes et plus mortes que nature, furent prises à cœur par Uccello, mais d'une manière toute différente. Pour lui, la perspective ouvrait l'horizon d'un imaginaire obsédant, dans lequel le point de fuite était l'œil du cyclone, le centre du maelström, où les formes se voyaient altérées, attirées par des courants souterrains obéissant à des lois mathématiques. Deux courants scientifiques sont curieusement réunis chez Uccello, l'un mathématique, l'autre descriptif, participant de la classification. C'était l'un de ces artistes solitaires qui se délectaient des particularités les plus minimes de la botanique et de la zoologie, et sous la loupe desquels la parade humaine apparaissait semblable à une collection de spécimens rares, comme autant d'échantillons végétaux – feuilles, fleurs, herbes – ou étrangetés du règne animal, recensées dans le Livre des Bêtes.

Étant lui-même une curiosité, un « oiseau rare », il se sentait attiré par les caprices et les aberrations de la Nature, lesquelles englobaient l'humain. Il observait du même œil l'armure d'un chevalier et la carapace d'un insecte, les plumes d'un casque et la queue oscillante ou la crinière bien peignée d'un cheval. Il semble avoir été obsédé par la coiffure, et singulièrement par les *mazzocchi*. Les formes, les lignes étranges retenaient son attention, et il aimait à représenter le visage humain de profil, avec un œil unique, brillant et acéré, comme celui, aux aguets, d'un oiseau. C'était un homme « simple », dit Vasari, citant cette anecdote d'Uccello livrant un chameau au lieu d'un caméléon, abusé par la similitude des deux mots. Les rubans de couleur vive l'attiraient comme une pie voleuse, et une de ses œuvres les plus charmantes est une simple rosette de ruban plissé vert clair, bleu et blanc, réalisée en mosaïque sur une voûte de l'atrium de Saint-Marc, à Venise. La merveilleuse précision avec laquelle il la représente en perspective, comme un cristal de glace brillamment coloré, suscite un curieux sentiment d'allégresse, comme si la Renaissance florentine, cette glorieuse Nativité, était annoncée à la ville plus orientale, en retard, par une étoile au ciel, comme une épiphanie.

La série de trois grands tableaux appelée *Bataille de San Romano*, conçus pour ne former qu'une seule scène destinée à la chambre de Laurent le Magnifique, dans le palais qui avait été érigé par Cosme l'Ancien, dans l'ancienne Via Larga, devenue Via Cavour, et aujourd'hui dispersée – l'une se trouve à la Galerie des Offices, une autre à la National Gallery, à Londres, et la dernière au Louvre –, a souvent été comparée à une scène chevaleresque issue de l'imaginaire enfantin, dans laquelle les chevaux sont de bois, et les protagonistes des poupées de chevaliers masqués. Elle évoque également, aujourd'hui, une de ces scènes de science-fiction dans lesquelles des guerriers venus de l'espace, revêtus de combinaisons spatiales semblables à des tenues de plongée, envahissent la Terre par surprise.

Cette bataille, située au milieu d'une forêt magique de perpendiculaires faite de lances, trompettes, arbalètes, hallebardes et plumes oscillantes, possède une curieuse qualité de fixité ; on parvient à une immobilité statique au sein même de l'action déchaînée, ce qui remet en question le sens de tout ce panache, de toute cette tuerie. Les chevaux tombés semblent des chevaux de manège jetés à terre et brisés, ou des chevaux de bataille bourrés de sciure, ornés de bijoux et de rubans, et sur le point de se vider. Sur le panneau conservé à Londres, l'un des chevaliers se résume à une petite armure vide, abandonnée comme un rebut sur le sol. Sur celui de la Galerie des Offices, qui représente la bataille faisant rage, les chevaliers sont des silhouettes sans regard, cuirassées, ornées de plumes noires et rouges ; au son des trompettes dans lesquelles soufflent des jeunes gens, ils se jettent dans le combat comme des robots aveugles sous leur carapace métallique. Au premier plan, un cheval rose rue furieusement, tandis qu'un autre animal, d'un blanc éclatant et décoré de parements bleu vif se cabre, éjecte son cavalier qui s'empale sur une lance projetée à l'horizontale; derrière le cheval cabré, on aperçoit le profil pâle et concentré d'un fantassin. Par contraste avec la couleur vive des chevaux, les armes tombées à terre composent une sorte de treillage immobile de perches et de bâtons. Les fantassins armés de leur arbalète, si l'on exclut celui qui se tient de profil, ont une expression balourde, un visage abruti; les joueurs de trompette soufflent jusqu'à en loucher. Seuls les yeux ronds des chevaux de bois expriment une peur vivante. Sur une colline lointaine, comme un autre monde où s'alignent des haies vives, lapins, cerfs et chiens d'arrêt bondissent en tous sens, une partie de chasse a lieu tandis que, sur la gauche, les jeunes gens munis de leur trompette surgissent d'un bosquet d'orangers arcadien. Ces trois panneaux apparaissent moins comme une peinture que comme le carton de quelque tapisserie guerrière.

Au Dôme, peint par Uccello en perspective traitée en trompe l'œil, on peut voir la statue équestre de sir John Hawkwood, le célèbre condottiere anglais, chef de la compagnie des Blancs, qui combattit pour la République. L'histoire de cette fresque est généralement citée comme exemple de l'avarice des Florentins; ceux-ci ayant promis à Hawkwood de lui ériger un monument funéraire après sa mort, l'auraient grugé à titre posthume en ne lui consacrant qu'une simple imitation peinte de celui-ci. Plus vraisemblablement, c'est là un exemple de cette haine de la gloire personnelle qui, tant que dura la République, conférait à contrecœur la gloire éternelle du marbre à un simple citoyen ou à un employé étranger de l'État. Quoi qu'il en soit, le mémorial original d'Agnolo Gaddi, peintre gothique tardif de cette école qui suivit Giotto, dut se révéler insatisfaisant, pour quelque motif, et c'est à Uccello qu'on demanda d'en réaliser un autre, lequel était au moins destiné à recréer l'*illusion* d'un tombeau en trois dimensions. Uccello, dans son obsession de la perspective, accorda plus d'attention à la représentation de la sculpture qu'au portrait du chevalier défunt, qui apparaît comme une espèce de pièce d'échiquier fantomatique, verdâtre et mélancolique, juché sur un cheval également verdâtre et délavé (copié, pense-t-on, d'après les grands chevaux de bronze de la période hellénistique que le peintre avait vus sur le balcon de Saint-Marc, à Venise). C'est, là aussi, une bande dessinée.

Selon Vasari, Uccello aurait été, sans aucun doute, un zoophile, vivant en reclus, à l'écart des hommes, absorbé dans de mystérieuses études, et entouré d'une multitude d'animaux peints, tel un ermite fou – « hors réalité », pour utiliser un cliché contemporain. Cela pourrait expliquer le caractère étrange, coloré, comme un monde de marionnettes, de la *Bataille de San Romano*, œuvre pour laquelle il est le plus célèbre hors de Florence, ainsi que du cavalier fantomatique peint sur un mur du Dôme. Il n'en reste pas moins que les batailles de la Renaissance, ainsi que le déplore Machiavel, étaient de faux combats entre troupes de mercenaires, au cours desquels les chevaux seuls, épouvantés, tombaient au champ d'honneur. Les *Histoires florentines* de Machiavel nous donnent une description précise de la bataille d'Anghiari, contre Niccolo Piccinino et les Milanais (bataille au cours de laquelle les Florentins auraient transporté des statues et que Léonard de Vinci peignit, en une fresque inachevée, reprise ensuite par Vasari, pour le Palazzo della Signoria) ;

lors de cette fameuse victoire, la lutte dura des heures, acharnée, avançant et reculant sur un pont proche de Borgo San Sepulcro; mais un seul homme succomba, « non pas aux blessures infligées par les armes ennemies, ou tout autre raison honorable, mais il tomba de cheval et fut piétiné à mort ». Le butin essentiel fut la capture des chevaux, bannières, et attelages. Cette bataille n'avait d'ailleurs rien d'exceptionnel. « Les combattants », rapporte Machiavel, « s'engagèrent alors sans grand danger, étant presque tous à cheval, protégés par leur armure, et échappant à la mort à l'instant où ils décideraient de se rendre. Il était inutile de risquer sa vie. Ils continuèrent de livrer bataille à l'abri de leur armure et, quand ils ne purent résister plus longtemps, se rendirent et furent épargnés. »

À l'époque de Dante, quand les armées étaient composées de citoyens, les batailles étaient vraies. Après celle de Campaldino, mille sept cents soldats gibelins, dit-on, « gisaient dans leur sang parmi les bois verdoyants et les vallées du Casentino », tout près de l'endroit où Uccello était né. Dante, alors âgé de vingt-quatre ans, se battit aux côtés de Corso Donati et de Vieri de' Cerci, plus tard chefs des factions noires et blanches; il connut, écrit-il, « une grande peur et, pour finir, un bonheur extrême ». Au temps d'Uccello, c'étaient des mercenaires étrangers qui livraient des combats de pacotille, payés par leurs employeurs étrangers, sans risque ni crainte. Seuls les campagnes et les villages saignaient. Lorsqu'ils étaient sans emploi, ces mercenaires rôdaient en bandes aux abords de la ville qui les avait enrôlés, raflant tout ce qu'ils pouvaient trouver. Des compagnies comme celle des Blancs devaient effectivement, pour les paysans, sembler comparables à des envahisseurs caparaçonnés, venus d'un autre monde, ou à un fléau d'insectes dévorant les récoltes. Le père de Cosme Ier, Jean des Bandes Noires, était ainsi appelé car ses mercenaires effrayants se déplaçaient vêtus d'une armure noire, en signe de deuil; Sforza par sa mère, c'est un des rares capitaines de son temps à être effectivement mort de ses blessures.

Ainsi, les statistiques de Machiavel, qui pressait l'État de constituer une armée de citoyens, montrent la même image, quoique moins haute en couleur, que celle que nous donne l'artiste-ermite – celle de batailles irréelles, de dessins animés guerriers, étranges et brillantes dans leurs harnachements, se déroulant sur un arrière-plan de placidité paysanne. C'est l'originalité de Machiavel en tant qu'historien d'avoir également vu les événements « en perspective ».

Jusqu'au grand siège de 1580, que les citoyens, enfin unis, supportèrent avec un grand courage, mais qui se termina par l'occupation espagnole et la chute de la République, la vie civile de Florence ne devait jamais être très affectée par les guerres extérieures. Un peu plus tôt, en 1494, le roi de France Charles VIII avait déjà pénétré dans la ville avec ses troupes victorieuses, mais s'était retiré, effrayé par l'attitude du peuple. Une phrase unique, et succincte, prononcée par un citoyen en vue, Piero Capponi, avait décidé du départ du roi. « Alors, nous allons faire résonner nos trompettes », s'était écrié ce dernier, menaçant, comme le représentant de la ville vaincue refusait l'ultimatum qui lui était offert. « Si vous faites résonner vos trompettes, nous ferons résonner notre cloche », avait répondu Capponi. Charles, qui avait vu Florence, et les Florentins – les sombres palais de pierre, semblables à des forteresses, et le peuple inflammable comme de l'amadou, qui déjà jetait des pierres sur ses soldats –, savait ce que cela signifiait : l'empoignade générale.

Craignant les combats de rue, dans cette ville qui en avait déjà tant connus, il capitula, et la sentence de fer de Capponi continue encore de résonner comme une menace envers les envahisseurs des républiques indépendantes – la cloche en réponse à la trompette, l'appel à la mobilisation populaire, pour s'opposer au clairon militaire. Lorsque les Médicis prirent enfin le pouvoir, ils firent détruire la cloche qui appelait au rassemblement.

Aucune défaite extérieure n'impressionnait autant les Florentins que leurs désastres internes. Depuis toujours, la survie de la cité s'était révélée précaire, de par sa situation, au confluent de deux rivières, le Mugnone et la Mensola, à l'endroit où ils se jettent dans l'Arno. C'est chose difficile à croire aujourd'hui, quand nous voyons l'Arno, en plein été, se réduire à un simple lit caillouteux, au milieu duquel s'écoule à peine un mince courant d'eau verdâtre, boueuse, mais Florence, depuis l'époque de Tibère, s'est toujours vue menacée de destruction par des inondations terribles. Celle de 1333 est décrite par Villani, parmi beaucoup d'autres. Les inondations, en fait, étaient quasiment permanentes, tout au long du XIIIe siècle ; en 1269, les ponts de la Carraia et de la Trinità furent tous deux emportés, et c'est tout naturellement que Villani, racontant l'histoire de la ville, la fait remonter à Noé. Ces crues étaient bien sûr considérées par beaucoup comme des châtiments de Dieu ; la rivière grossie était sa réponse face à l'orgueil également gonflé des citoyens belliqueux. La grande crue de 1178, déjà mentionnée, fut accompagnée de deux incendies ravageurs et d'une famine, qui toucha toute la Toscane. Plus tôt dans le siècle, un évêque florentin du nom de Ranieri avait annoncé la fin du monde ; sa prédiction était fondée sur l'apparition d'une comète. Tout au long du Moyen Âge, les cataclysmes naturels apparurent aux

Florentins comme autant de présages de l'apocalypse à venir ; la prophétie faisait florès.

En 1304, eut lieu un événement spectaculaire qui devait, lui aussi, l'aire figure de « jugement ». On avait annoncé une représentation théâtrale de l'enfer, donnée au pont de la Carraia, sur un théâtre de bateaux ; il y avait là les flammes, les âmes nues hurlant à la pitié, les démons supérieurs, les diables habituels avec leur fourche. Surcharge de spectateurs, qui étaient venus en masse pour assister au spectacle, le pont s'effondra, et ce fut une noyade générale, de sorte que l'on put dire après, en ville, que ceux qui étaient venus voir l'enfer avaient effectivement obtenu ce qu'ils cherchaient.

Presque deux cents ans plus tard, Savonarole, prêchant au Dôme, terrorisait ses fidèles avec une série de sermons réalistes sur l'arche de Noé. Pic de La Mirandole, le philosophe et poète platonicien, décrit le sermon consacré au Déluge, en date du 21 septembre 1494. Il commençait par cette phrase : « Et voyez, moi-même, je noie la terre sous le flot. » À peine était-il en chaire que Savonarole déclamait cela d'une voix terrible, comme un coup de tonnerre, faisant courir un frisson glacé dans tous ses os, et se dresser ses cheveux jaunes. Le jour même, comme une phrase énigmatique soudain éclairée, Florence apprenait qu'un flot de troupes étrangères avait inondé l'Italie. C'était l'armée de Charles VIII, roi de France.

La plus grande œuvre d'Uccello, réalisée pour le Cloître vert de Santa Maria Novella, a pour sujet le Déluge. Dans cette fresque extraordinaire, récemment restaurée et présentée dans l'ancien Fort du Belvédère*, sur la colline de San Giorgio, l'imagina-

* Aujourd'hui de nouveau au Cloître vert de la Basilique Santa Maria Novella. *(N.d.É.)*

tion d'Uccello vous saisit comme quelque sermon imagé, avec des scènes tirées de l'expérience commune, et l'événement biblique surgi des temps immémoriaux se voit donner l'impact immédiat et frappant d'une prophétie. C'est là une de ces grandes visions du jugement que seuls les Florentins, de Dante à Michel-Ange, étaient capables de concevoir – visions qui tirent leur clairvoyance d'une passion qui les unissait, l'amour d'une cité ou d'une nation, comme celle des anciens Hébreux, et d'une richesse de description « documentaire », ou scientifique ; la description de l'Enfer par Dante, par exemple, se révèle d'autant plus effrayante qu'il lui donne une géographie, une géologie patiemment déterminées. Dante « explorait » l'Enfer, et y rencontra nombre de Florentins ; un prélat critiquait-il les nus du *Jugement dernier*, Michel-Ange lui faisait immédiatement une place dans la fresque, le montrant en Enfer, coiffé de cornes, un serpent enroulé autour des reins et, le prélat se plaignant au Pape (Paul III), celui-ci répondit : « Si le peintre vous avait expédié au Purgatoire, j'aurais fait tout mon possible pour vous en délivrer, mais je n'exerce aucune influence en Enfer ; *ubi nulla est redemptio.* » Pour ces Florentins péremptoires, l'Enfer n'était pas plus lointain que le Bargello. De la même manière, le *Déluge* d'Uccello est une œuvre naturaliste, fondée sans aucun doute sur la sensibilité florentine face à un mythe biblique.

Elle est constituée de deux parties, avec l'arche de bois deux fois présente, en perspective, de chaque côté du tableau, encadrant la scène frénétique. Sur la gauche, l'arche flotte sur les eaux, des personnages aux abois s'accrochant à ses flancs ; sur la droite, elle est tournée dans l'autre sens et paraît s'échouer, le flot ayant commencé de se retirer. Les deux parties semblent posséder un point de fuite commun, et aucune séparation nette n'est perceptible entre les deux épisodes, c'est-à-dire entre l'« Avant » et l'« Après ». La compression du temps, qui unit les longs mois du déluge en un seul et même événement, ajoute au sentiment de claustrophobie que procurent les parois convergentes des deux arches. Dieu est absent de la scène, baignée d'une lumière blafarde, et l'homme, cerné, sans rédemption possible (sans pouvoir être symboliquement « repêché » par l'arche) révèle sa nature de damné, non pas transitoire, mais éternelle. Dans l'espace étroit, entre les deux arches, l'eau est encombrée d'une mêlée de cadavres flottants, qui entravent les mouvements des vivants. Sur la droite, un corbeau picore les yeux d'un noyé tandis qu'à gauche, un homme nu sur son cheval qui nage (semblable à un centaure) brandit son épée vers un jeune homme blond d'une grande beauté, armé d'un gourdin, avec autour du cou son *mazzocchio* tombé sur ses épaules, comme un serpent noir et blanc. Une brute musculeuse, vêtue d'une fourrure, s'est saisie d'un tonneau pour tenter de se hisser, avec un regard de biais, idiot ; un personnage nu, sur un radeau, se bat contre un ours, armé d'une massue. Plus loin, la foudre frappe un chêne dont les branches en tombant s'écrasent contre l'arche. À gauche, au premier plan, un homme aux vêtements détrempés, accroché au rebord de l'arche contre la paroi de laquelle il s'est aplati, jette un regard soupçonneux, faux, comme une personne qui se dissimule, sur ses frères qui se débattent dans les flots.

À l'écart, sur un îlot, se dresse un personnage majestueux, bien rasé, aristocratique, la main levée en une prière pleine de dignité ; des plis amples de son vêtement, des rides nobles et sévères de son front, émane une sécurité immémoriale. Il apparaît comme un rocher gris, une falaise contre laquelle vient battre le flot, sans éroder sa masse paisible et sculpturale. Deux mains sorties de l'eau s'agrippent à ses chevilles, et le rustre dans son tonneau observe, fasciné, ce personnage austère qui ne quitte pas du regard un certain point de l'espace, la Lumière qu'il voit et qui semble tomber sur lui, de sorte qu'il apparaît presque comme phosphorescent, tandis qu'au-dessus de lui (en partie sur la scène voisine), la main tendue du patriarche Noé, qui passe la tête hors de l'arche pour voir le temps qu'il fait, suggère une bénédiction.

Personne ne sait, de manière certaine, qui est cette figure centrale. La plupart des critiques pensent que c'est Noé, dans son jeune âge, se préparant à embarquer sur l'arche; d'autres objectent qu'il ne ressemble nullement au Noé barbu qui passe la tête par la fenêtre de l'arche, ni aux autres Noé barbus visibles sur d'autres fresques du cycle. Cependant, si ce n'est pas Noé, qui est-ce? Un de ses fils? Mais il ne ressemble à aucun d'entre eux, présents dans une autre fresque, *L'Ivresse de Noé*, et sa dignité autoritaire implique qu'il est au moins le premier citoyen d'un grand peuple. Il semblerait qu'il *dût* être Noé, l'ancêtre légendaire du peuple italien, sculpté en bas-relief sur le campanile de Giotto. Le Noé barbu représente peut-être le patriarche, vieilli, décati, sanctifié par sa réclusion dans l'arche, tandis que l'homme dressé sur l'îlot pourrait être ce même Noé, dans toute la force de sa jeune maturité, un des géants de la terre dont il est question dans le sixième chapitre de la Genèse, engendrés par les fils de Dieu et les filles des hommes. Les deux personnages ont en commun le même superbe nez arqué, les mêmes yeux. En tout cas, c'est un Florentin, l'essence même du Florentin

« che discese di Fiesole ab antico e tiene ancor del monte e del macigno ».*

Uccello réalisa toute une série de fresques pour le Cloître vert (ainsi appelé à cause de la *terra verde*, grisaille verdâtre qu'il utilisait de préférence pour les fresques). Il y avait là une *Création de l'Homme*, une *Création des Animaux*, une *Création d'Ève*, une *Chute*, un *Déluge*, un *Sacrifice de Noé*, et *L'Ivresse de Noé*. À part *Le Déluge universel*, les fresques sont fort abîmées, de sorte que seuls quelques portraits – les fils de Noé, la Lamia, ou serpent femelle, blonde et rose – ainsi qu'un effet remarquable de perspective – Dieu le Père volant, la tête en bas – demeurent clairement visibles. À Florence, on peut également voir la magnifique horloge entourée de têtes de prophètes, peinte par Paolo Uccello sur l'envers du mur de façade de Santa Maria del Fiore. Les prophètes alignés (Habacuc, Jérémie, Abdias, Moïse, etc.) réalisés par Donatello, ami de Paolo, et d'autres, se dressaient autrefois dans des niches sur le campanile, comme des crieurs publics érodés par le temps, et dans l'horloge d'Uccello, la science et la prophétie, l'indication du temps comme le présage des temps, se mêlent comme dans un emblème héraldique du caractère et du génie florentins.

Avec une forte résonance poétique, Milton, dans *Paradis perdu*, autre mythe cosmique, le seul qui se rapproche des grands mythes issus de Florence, évoque deux fois la ville et les vallées et collines environnantes, dans sa description de Satan. Il compare le bouclier de Satan à la lune, « Dont l'artiste toscan observe l'orbe dans un verre optique / Le soir, au sommet de Fesole (Fiesole), / Ou au Valdarno,

* « Qui est descendu de Fiesole dans les temps anciens, et fleure toujours la montagne et la roche dure » (*L'Enfer*, XV, 62). *(N.d.A.)*

pour découvrir de nouveaux pays, / Rivières ou montagnes, sur son globe tacheté». Et plus loin, il parle des «Légions de Satan, formes angéliques, en extase, / Denses comme les feuilles d'automne qui recouvrent les ruisseaux / À Vallombrosa, où l'ombre des Étrusques / Arquée comme un berceau...» Vallombrosa (la vallée ombreuse), non loin du col de Consuma, est une fraîche forêt de hêtres, chênes, marronniers et sapins, haut dans la montagne, où les Florentins d'aujourd'hui se rendent l'été pour jouer à la canasta à l'hôtel, mais qui fut autrefois la retraite favorite des ermites; c'est là que saint Jean Gualbert fonda l'ordre des Vallombrosiens. Valdarno, c'est la vallée de l'Arno, et l'«artiste toscan» est Galilée. Pour Milton, au XVIIe siècle, l'astronome avec sa lunette demeurait un artiste. De même, on constate ce fait étrange, et non sans rapport, que Copernic, un Polonais, avait suivi une formation de peintre. Fra Ignazio Danti, le Dominicain de Pérouse, astronome de la cour de Cosme Ier, qui réalisa le gnomon et l'astrolabe de Santa Maria Novella, était également peintre; on peut voir au Palazzo Vecchio cinquante-trois cartes géographiques, délicatement coloriées, qu'il a réalisées avec l'aide d'un autre moine.

Science, magie, art, «inspiration», étaient étrangement mêlés dans la Renaissance florentine. Une brèche intervint ici, sur tous les fronts à la fois, qui n'eut pas d'équivalent pendant cinq siècles, jusqu'à ce que les impressionnistes français, avec leur théorie scientifique de la lumière, initient une nouvelle révolution qui les dépassait, rejoignant, et devançant même les nouvelles découvertes spatiales, physiques et mathématiques, et une nouvelle conception du temps. Les expériences de Cézanne, puis des cubistes, se fondaient de nouveau sur la géométrie, et avaient une fois de plus un aspect séditieux, le monde visible se voyant démembré et réassemblé selon un plan mathématique de sphères, lignes perpendiculaires et orthogonales, cubes et cônes. Les tentatives ultérieures de Picasso pour parvenir, par la juxtaposition, à une vue simultanée d'un visage ou d'une forme, de tous les angles (c'est-à-dire pour comprimer temps et espace en une seule dimension einsteinienne) sont une reproduction spectaculaire de celles d'Uccello et de Piero della Francesca pour traduire en volume des formes complexes, avec toutes leurs facettes. Les violons, tasses, bouteilles, fragments de journaux qui réapparaissent sans cesse dans l'œuvre de Juan Gris, Braque et Picasso, sont l'équivalent des *mazzocchi*, rubans, armures et lances pétrifiés par Uccello. La danse géométrique de ces éléments exprime une sorte d'aliénation, dans les deux cas, tandis que les matériaux du quotidien sont traités comme des raretés de collectionneur. Le surréalisme poursuivra cette démarche plus loin – jusqu'à la magie, et l'hallucination.

L'espace, avec sa profondeur, était un sujet grave pour les Florentins analytiques. Pour les Vénitiens, le trompe-l'œil, que leur avaient appris les pionniers florentins, était un jeu – auquel ils continuèrent de jouer pendant des siècles, jamais lassés des supercheries du faux marbre, du faux brocart, des fausses portes et fenêtres, des faux paysages. Leur ville de masques était elle-même un univers de jouets peints, une joyeuse contrefaçon de la « vraie vie ». À Florence, après le monument funéraire de Hawkwood, trois autres furent commandés – l'un à Andrea del Castagno, en hommage à Niccolò da Tolentino, autre mercenaire, qui se trouve à côté de celui d'Uccello, au Dôme, et deux autres de moindre intérêt, sur le côté droit de la nef. Ainsi prenait fin la plaisanterie de la perspective et du trompe-l'œil, pour les Florentins de la Renaissance. Leurs bâtiments publics, églises et demeures étaient trop réels pour ces jeux de faux-semblant.

Un État fondé sur la peinture, pour citer un historien contemporain, serait chose bien fragile, et la peinture d'État, en tant que telle, n'intervient dans l'histoire de Florence qu'après la chute de la République, quand Vasari, modeste tâcheron, devint le peintre officiel de Cosme Ier. S'il est vrai que, dans les derniers jours de la République, on fit appel à Léonard de Vinci et à Michel-Ange pour réaliser des fresques de batailles dans la grande salle du Palazzo Vecchio, aucune de celles-ci ne fut jamais achevée, et les cartons ont disparu. Ceux de Michel-Ange auraient été détruits par les soldats cantonnés dans la salle en 1512. Jusqu'alors, sculpture et architecture avaient eu pour rôle d'affirmer la puissance de la République. C'est pourquoi la Galerie des Offices, si beaux que soient nombre de ses tableaux, n'est qu'une galerie de peinture, tandis que le Bargello et le musée de l'Œuvre du Dôme sont Florence même. La peinture laïque, telle qu'elle devait se développer au cours de la Renaissance, sous l'influence des collectionneurs, se fit de plus en plus personnelle, voire énigmatique, alors que la peinture religieuse, avec Fra Filippo Lippi puis avec Ghirlandaio et son atelier, devenait, de plus en plus, une étude de genre – intérieurs, manières, vêtements, mobilier, coutumes locales. Les peintres qui résistaient à ce penchant pour la peinture de genre (les meilleurs, en général), se mirent à traiter leur art comme une démarche secrète, semblable à l'alchimie, à demi immergée dans la science, et à demi dans la magie. Une peinture, un portrait, tiennent, dans leur essence même, de la sorcellerie. Contrairement à la statue, née de la colonne ou du tronc d'arbre brut, le tableau est une pure invention, une image infiniment fine, et infiniment fausse du réel.

La peinture florentine fut, dès le départ, consciente d'un besoin de stabilité; c'est pourquoi on trouve le pilier au centre de tant de représentations de l'*Annonciation*, entre l'ange Gabriel et la Vierge, comme pour soutenir le tableau.

Les premières icônes miraculeuses de la Madone (dont beaucoup aurait été peintes par saint Luc) sont généralement recouvertes d'un voile dans les églises italiennes, qui est retiré seulement lors de certaines fêtes; cela apparaît comme la conscience de ce puissant pouvoir magique qu'elles sont censées posséder. La fresque miraculeuse de l'Annonciation, à la Santissima Annunziata, connue dans toute l'Italie pour ses pouvoirs de guérison, est logée dans un petit temple de marbre dessiné par Michelozzo; celui-ci est fermé par un paravent d'argent, et dissimulé derrière un rideau de lourde étoffe que l'on relève une fois l'an, pour l'Annonciation. Comme toutes les icônes miraculeuses, elle est censée être l'œuvre d'une main surnaturelle, ou d'un médiateur magique; en l'occurrence un moine du XIIIe siècle, à qui l'on avait confié la réalisation de la fresque, et qui avait tout achevé, sauf la tête de la Madone. C'est alors qu'il avait sombré dans un profond sommeil, qu'un ange vint peindre le visage. Aucune puissance terrestre, autrement dit, n'aurait pu produire cette ressemblance, et le fait que ce portrait soit voilé (si l'idée était de le protéger, le verre aurait aussi bien fait l'affaire) implique un tabou. De même, le crucifix peint de Santa Trinità, d'où Jésus penchait la tête vers saint Jean Gualbert, demeure dissimulé derrière un tableau moderne illustrant la légende, pour n'être exposé que le vendredi saint.

Les représentations peintes, objets de conjuration, étaient souvent utilisées pour les exorcismes. Une bannière représentant sainte Agathe, à présent au musée de l'Œuvre du Dôme, était portée dans les rues, le jour de sa fête, afin de s'assurer une année sans incendie. Les gigantesques fresques de saint Christophe, que l'on peut voir sur les murs de tant d'églises italiennes, étaient censées écarter le danger ; quiconque regardait saint Christophe voyageait en toute sécurité, et le saint, un géant, était représenté à une grande échelle, de manière qu'on ne puisse manquer de le voir. On éprouve souvent le sentiment d'une interaction entre la peinture, particulièrement le portrait, et le spectateur ; celui-ci regarde le personnage, et le personnage, se dit-il, le regarde également, le perce du regard, en fait, avec ses yeux fixes. Une galerie de portraits se fait galerie de regards. Certaines icônes sont censées suivre des yeux le spectateur. Celui-ci peut faire le tour d'une statue (et de fait, c'est ce qu'on attend de lui), mais une peinture l'arrête, et s'empare de lui. L'idée du portrait comme némésis inéluctable est au cœur du *Portrait de Dorian Gray* d'Oscar Wilde – histoire d'un pacte avec le Diable ; et, dans la même veine, un Florentin déclarait, il y a peu, que les portraits de la Galerie des Offices étaient devenus laids, à force de regarder ceux qui les contemplaient.

La peinture, art du faux-semblant, pouvait traiter toute une somme de sujets interdits à la sculpture, c'est-à-dire les rêves, les visions – la réalité dans ce qu'elle peut avoir d'halluciné, d'impalpable. Ces thèmes connurent leur plus grand engouement à Florence et en Toscane, où les grands cycles de fresques des XIVe et XVe siècles s'attachaient essentiellement à la *Légende dorée* de Jacques de Voragine, à la vie de saint François, aux songes et visions qui « faisaient date » : *Rêve de Constantin, Rêve du pape Sylvestre, Rêve de l'empereur Héraclite, Rêve du pape Honoré III, Saint François recevant les stigmates* (dans lequel le Sauveur apparaît comme une créature ailée, ou un petit être mi-oiseau mi-humain, volant dans l'air), *Vision de Frère Augustin* et, issus de la Bible, le *Rêve de Joachim*, et la *Vision de saint Jean à Patmos*. Aux murs des chapelles de Santa Croce, au fond de l'église d'Assise, dans la chapelle de l'Arena de Padoue, dans le chœur de San Francesco d'Arezzo, l'école florentine des peintres de fresque, de Giotto à Piero della Francesca, en passant par Taddeo et Agnolo Gaddi ou Maso di Banco, a inscrit sur les murs ou badigeonné les fantômes nocturnes et les apparitions diurnes qui traversaient sans cesse, tels des oiseaux, les portes de la conscience, chargés de messages du futur et de signes de l'au-delà. Le renouveau de la doctrine franciscaine, avec son aspect inspiré et son credo de joie céleste, était la puissance qui alimentait ces cycles, visibles presque exclusivement dans les églises dominicaines. Beaucoup parmi les plus belles fresques toscanes sont ces *Rêves* touchants, avec leur émotion qui participe du naturel (le pape qui se prépare à dormir, avec sa mitre et sa chape, de Giotto ; le soldat qui monte la garde devant la tente, tandis que l'empereur sommeille, de Piero della Francesca) et qui leur donne l'aspect de scènes shakespeariennes (Brutus dans sa tente, Desdémone se préparant au coucher), dans lesquelles une prémonition, une apparition, troublent la paix voilée de la nuit.

Fra Angelico, issu du mouvement toscan de réforme religieuse, était selon Vasari l'objet d'une inspiration divine, peignant comme un ange l'aurait fait, sans avoir recours aux procédés factices de l'art. Lorsqu'elle n'était pas directement inspirée par Dieu, l'image peinte était souvent associée au diabolique. Machiavel nous rapporte cette histoire horrible arrivée à un certain Zanobi del Pino, podestat de Galeata, qui abandonna sa forteresse à l'ennemi sans aucune résistance. Le chef des adversaires (Agnolo della Pergola) le livra à ses compagnons qui, pour lui marquer leur mépris, le nourrirent de papier sur lequel étaient peints des serpents. Ceux-ci, disaient-ils en ricanant, feraient de lui un Gibelin. Et à ce régime, « il mourut ainsi de faim en peu de jours », conclut Machiavel*. La dissimulation, comportement du traître, était là cruellement parodiée par la dissimulation de reptile inhérente, dans l'inconscient, à la surface peinte.

Nous avons déjà parlé de cette coutume qui consistait à peindre le portrait des criminels sur les murs d'une prison, comme des affiches. Après la conspiration des Pazzi, rapporte Vasari, on fit appel à Andrea del Castagno, au moyen des deniers publics, pour exécuter ceux des conspirateurs, sur les murs du Bargello ; il les montra pendus par les pieds « dans les attitudes les plus étranges qui soient, infiniment variées, et avec un talent remarquable »**. L'œuvre fut qualifiée de « pure merveille » et remporta l'adhésion de tous, pour son réalisme et sa qualité artistique, de sorte qu'Andrea devait être appelé depuis lors, et pour toujours, Andrea degli Impiccati (des Pendus). On réalisa aussi trois effigies de cire de la victime, Laurent de Médicis, que l'on plaça dans diverses églises de Florence, en offrande votive. C'est le grand sculpteur de cire Orsini qui réalisa ces statues, en collaboration avec le sculpteur Verrochio.

Cette idée du peintre, joyeux compagnon du bourreau, est perpétuée par Léonard de Vinci, qui aimait beaucoup assister aux exécutions, peut-être pour étudier les contractions musculaires des pendus. En

* *Histoires florentines*, Livre IV, ch. XII. *(N.d.É.)*

** Il s'agissait en réalité des portraits des rebelles Albizzi et Peruzzi (cf. infra), dont le Conseil des Huit avait proposé à Cosme l'Ancien, après la bataille d'Anghiari, en 1440, qu'ils fussent ainsi pendus en effigie sur la façade du Bargello. *(N.d.É.)*

fait, l'anecdote de Vasari est en partie fausse. C'est Botticelli qui réalisa le portrait des conspirateurs sur le mur du Bargello, leur infligeant ainsi un châtiment définitif; le corps de Jacopo de' Pazzi, complice relativement innocent, avait déjà été traîné, nu, dans les rues, jeté dans un trou, déterré, et enfin précipité dans l'Arno, la corde au cou, comme si la terre lui refusait une sépulture. Andrea del Castagno était déjà mort à cette époque, mais il avait effectivement peint d'autres pendus, membres de la faction des Albizzi, en l'honneur du retour d'exil de Cosme, Père de la Patrie.

L'étrange réalisme, confinant parfois au malsain, de l'œuvre d'Andrea del Castagno, devait le faire considérer, du moins après sa mort, comme un suppôt de Satan. Il avait peint un Judas extraordinaire, criant de vérité, dans *La Cène* théâtrale du Cénacle de Sant'Apollonia, et Vasari prétend qu'il ressemblait à Judas, physiquement, et par son don pour la dissimulation. Toujours selon Vasari, il aurait assassiné son collègue Domenico Veneziano, de qui il avait appris la technique de l'huile, par jalousie devant le talent plus délicat de ce dernier. Cette histoire non plus ne peut être crue, puisque Domenico Veneziano mourut quatre ans après Andrea, mais l'important est que Vasari et ses lecteurs la trouvaient crédible, si crédible en fait que les autorités ecclésiastiques de la Santissima Annunziata, à la suite de ces révélations, passèrent au blanc certaines fresques d'Andrea, en juste punition, et ce presque un siècle après son décès. Andrea était un paysan, né dans un village isolé dans les montagnes, et il y a dans son œuvre quelque chose de sauvage, de primitif, une vitalité touffue, sombre, presque brutale, qui suggère de fait une capacité à commettre des crimes à la manière paysanne – la vendetta, longuement mûrie, ou le meurtre froid, par cupidité, par désir de posséder un trésor secret.

Quoi qu'il en soit, cette idée d'un secret comme la technique de l'huile, un secret pour lequel on tuerait, semble relier davantage encore la peinture à la sorcellerie. Il existe encore des versions contradictoires sur la façon dont la technique de l'huile est parvenue jusqu'en Italie, et s'y est répandue. Les auteurs les plus naïfs en parlent comme d'une sorte de philtre, de potion magique octroyant au peintre un charme ou, mieux encore, un pouvoir de fascination. Les peintres faisaient partie de la corporation des *Speziali*, ou pharmaciens, car, comme ceux-ci, ils concoctaient pigments et poudres selon des formules secrètes, avec des « épices » importées de l'étranger. Avec la découverte de la perspective, elle-même science du magicien des nombres, la peinture, particulièrement à Florence, où tout était poussé à l'extrême, devint de plus en plus un art « noir ». Des génies comme Uccello et Piero della Francesca, qui s'adonnaient aux études de perspective, négligeaient leur travail au profit de cette *fata morgana*. Piero, qui avait étudié à Florence avec Domenico Veneziano, consacra les dernières années de sa vie à rédiger des traités de mathématiques. Tout comme Uccello, il mourut obscur, abandonné – dans la petite ville de Borgo San Sepolcro, où il était né. Lui aussi était tombé sous le charme des *mazzocchi*, des calices, des coupes et des cônes. Un mystère s'attache à l'une de ses œuvres les plus marquantes, la *Flagellation du Christ* d'Urbino, comme celui qui entoure l'homme sur l'îlot dans le *Déluge* d'Uccello. À l'arrière-plan du tableau, comme très, très loin, tout petit, on voit le Christ fouetté par des soldats, devant un grand prêtre immobile, dans un décor architectural classique, tandis qu'à l'avant-plan, dans la rue, trois personnages habillés à la mode contemporaine – un barbu, un jeune homme, et un chauve – conversent, tournant le dos à la scène de flagellation. Le Christ demeure lointain, irréel ; eux sont très proches, grands et d'une réalité presque dangereuse. La question se pose : Qui sont-ils, quelle est leur signification ? Personne ne le sait. D'aucuns prétendent que ce seraient le duc Oddantonio d'Urbino, assassiné en 1444, et ses ministres félons ; si c'est le cas, nous avons là un autre témoignage d'infamie, comme les criminels peints sur le Bargello ou les serpents. Mais il existe d'autres théories, dont aucune n'est entièrement satisfaisante. La peinture devenait langage secret.

Ce qui s'est passé dans la peinture florentine au cours du XVe siècle, époque des découvertes, revêt un caractère mythique, parfois prométhéen, parfois faustien. Depuis les Grecs, aucun peuple n'avait été à ce point tourné vers la conjecture, et le prix de ces spéculations était lourd. L'expérimentation continuelle, en matière politique, avait ruiné toute possibilité de gouvernement, et l'expérimentation artistique avait commencé de détraquer l'esprit des artistes. « Ah, Paolo », aurait dit Donatello à ce dernier, d'un ton de reproche, « cette fameuse perspective te fait quitter la proie pour l'ombre. » L'avancée des connaissances faisait se lever une incertitude croissante. On s'apercevait que, par un habile tour de passe-passe, on pouvait donner une apparence sphérique à une surface plane ; parallèlement, et paradoxalement, la terre elle-même, qui *semblait* plate, était montrée comme ronde par les scientifiques. Tous les rapports entre apparence et réalité se voyaient déstabilisés. Saint Thomas, le sceptique, généralement représenté sous les traits d'un homme entre deux âges (par les Vénitiens, notamment), devint pour les Florentins un jeune homme séduisant, captivant – le plus charmant de tous les disciples, tel qu'on peut le voir assis, son joli menton appuyé sur sa paume, dans la *Cène* d'Andrea del Castagno, ou debout, avec ses boucles ravissantes, tendant un pied mince chaussé d'une sandale, dans la sculpture de Verrochio, à Orsanmichele.

Une histoire datant de cette époque, appelée *« Il Grasso Legnaiolo »*, traduit bien la tournure de l'esprit florentin. C'est l'histoire d'une *beffa*, une plaisanterie que Brunelleschi et ses amis firent au gros menuisier qui donna son nom à l'anecdote, et qui les avait offensés en ne venant pas à un dîner pour lequel on l'attendait. Ils décident donc de faire croire au menuisier qu'il n'existe pas, c'est-à-dire de lui ravir son identité, tout d'abord en ne le reconnaissant plus, et ensuite en le persuadant, par toute une série de manœuvres complexes, qu'il existe en effet un *grasso*, qu'il prétend être, mais que cet individu n'est pas lui. Il n'est au contraire personne, comme le lui fait croire leur habile mystification ; il n'est rien, que le simple flux d'une conscience vague qui s'imagine être un gros menuisier. Le sommet de l'histoire est atteint quand l'homme, tremblant, n'ose pas rentrer chez lui, dans sa propre maison, de peur d'y trouver « l'autre » – c'est-à-dire lui-même. « S'*il* est là », se demande-t-il, avec un mélange de ruse et de panique, « qu'est-ce que *je* fais ? » Cette parabole de l'auto-aliénation, plus terrifiante et plus habile que tout Pirandello, serait une histoire réelle, célèbre en son temps, arrivée à un certain Manetti degli Ammannatini qui, incapable de se remettre d'une telle expérience, devait se réfugier en Bulgarie, où il mourut. Ce menuisier pusillanime devait être, en fait, un de ces « artisans marqueteurs » – auxquels Donatello faisait allusion, non sans mépris – qui se spécialisaient dans les effets de perspectives de *mazzocchi*, sphères, pointes, etc., délicatement travaillés en incrustations de bois. C'est le génie de Brunelleschi, qui est le véritable héros de la fable ; ce génie, qui avait trouvé comment calculer le point de fuite, pouvait faire disparaître un gros homme, ou lui faire croire qu'il disparaissait, comme un illusionniste éclipse une balle, sous les regards de tous.

Ce fond d'excentricité, cette bizarrerie, ce sens du secret qui courent parmi les peintres florentins réapparaît avec Piero di Cosimo, bien connu pour ses représentations de dragons et autres monstres hideux, au temps de Savonarole. Vasari dit qu'il vivait plus comme une bête que comme un humain, interdisant que l'on passe le balai chez lui, ou que l'on sarcle ou taille ses jardins ou ses vignes. Débraillé, sauvage, il voulait que tout régresse à l'état de nature, comme lui-même, et nourrissait une passion pour les étrangetés et les « erreurs » de celle-ci. Il recherchait partout le merveilleux, discernait des visages dans les nuages, et des batailles sur des murs souillés de crachats. Une de ses idiosyncrasies était de refuser que quiconque le voie travailler.

Léonard de Vinci avait beaucoup en commun avec Piero di Cosimo, et plus encore avec Uccello. On trouve chez lui la même collection d'oiseaux et d'animaux ; le même intérêt pour les monstruosités et les aberrations ; le même goût pour la science et la mathématique ; le même sens de l'expérimentation permanente, qui faisait ressembler son atelier à un laboratoire d'alchimiste, rempli de tous les nouveaux médiums qu'il utilisait, souvent avec de piètres résultats, car les couleurs ne tenaient pas toujours, et il arrivait, dit-on, qu'une œuvre magnifique tourne au marron et se ratatine comme la peau d'une affreuse vieille. Chez Léonard de Vinci, semble se concentrer tout le génie du peuple florentin – celui de la science, de la technique, de la cartographie, de la peinture, de l'architecture, de la sculpture – qui, de plus, était séduisant. De tous les dons que le ciel lui avait octroyés, c'était à celui de la peinture qu'il tenait le plus, contrairement à Michel-Ange qui, presque aussi doué, considérait tout art pictural, à l'exception de la fresque, comme puéril et indigne d'un homme. Cependant, Léonard de Vinci, tout comme Uccello, se passionnait pour les problèmes de mathématiques jusqu'à en négliger son art. Un moine, envoyé par Isabelle d'Este, écrivit à celle-ci, lui faisant son rapport sur les progrès de Vinci : « En somme, ses expériences mathématiques l'ont à ce point distrait de la peinture qu'il ne peut plus souffrir de voir un pinceau. »

Chez Léonard de Vinci, les éléments de sorcellerie se manifestèrent enfin sans équivoque, dans son art favori. L'autoportrait présumé qu'il réalisa dans son grand âge le montre comme une sorte de Merlin ou d'ancien druide, avec grande barbe blanche, longs cheveux blancs, et sourcils de même – tous les attributs de l'Enchanteur. Les cavernes et les grottes à la lumière bleutée, les stalactites et stalagmites, les étangs semblables à des miroirs et les rivières brumeuses de son œuvre de chevalet convient le spectateur à pénétrer dans le royaume secret et menaçant de la magie. Le sourire ambigu de ses Madones et de ses sainte Anne est une tentation insidieuse ; saint Jean-Baptiste, avec sa douce poitrine féminine, son bras blanc et replet comme celui d'une *cocotte**, se transforme en Bacchus couronné de feuilles de vigne et vêtu d'une peau de panthère. Tout apparaît en état de lente métamorphose, de mutation latente, et le modèle de sa toile la plus célèbre, Mona Lisa, avec son sourire énigmatique, est sans aucun doute une sorcière. C'est pourquoi les gens ont toujours la tentation de la balafrer, de lui ajouter

* En français dans le texte. *(N.d.T.)*

des moustaches, de la dérober ; c'est la toile la plus célèbre du monde, car toutes les supercheries, toutes les mystifications de la peinture sont réunies en elle, créant ainsi une sorte de terreur.

CHAPITRE V

L'histoire florentine, dans sa grande période, est une histoire des innovations. Ce sont les Florentins qui produisirent le premier ouvrage d'importance dans le langage commun (*La Divine Comédie*), ce sont eux qui élevèrent le premier dôme monumental depuis l'Antiquité, qui découvrirent la perspective, qui peignirent le premier nu de la Renaissance et composèrent le premier opéra (le *Daphné* de Jacopo Peri). On ne sait toujours pas si ce sont eux, ou les Vénitiens, qui commencèrent à établir les premières statistiques. Le premier humaniste, Pétrarque, était fils de Gibelins florentins, des *fuorusciti* qui avaient trouvé refuge à Arezzo, à l'époque de sa naissance. La critique littéraire, au sens moderne, fut inaugurée par Boccace, qui donnait des conférences sur *La Divine Comédie*, dans une petite église à côté de la Badia, en 1373, la seigneurie ayant décrété que « l'œuvre du poète communément appelé Dante » devait être lue en public. La description clinique des symptômes de la peste, dans son *Décaméron*, apporta une contribution novatrice à la médecine. Machiavel, généralement considéré comme le père de la politique, fut le premier à étudier le mécanisme du pouvoir politique et gouvernemental. La première critique d'art moderne est l'œuvre de Leon-Battista Alberti.

C'est là également que fut créée la première chaire de grec, au XIVe siècle. Cosme l'Ancien ouvrit la première bibliothèque publique, dans le couvent de San Marco. L'italien littéraire est, exclusivement, une création des Toscans, fondée sur leur dialecte tel qu'on le parlait à Florence ; Manzoni, l'auteur des *Fiancés*, se rendit de Milan à Florence, au XIXe siècle, pour « rincer son linge », comme il le disait, « dans les eaux de l'Arno » ; Leopardi arriva des Marches. La Toscane est l'unique province d'Italie à ne pas posséder de dialecte, le dialecte toscan étant, précisément, l'italien – ce que l'on appelle parfois le dialecte toscan (le « h » à la place du « c », par exemple « hasa » au lieu de « casa ») n'étant, dans les classes populaires, qu'une simple différence de prononciation. De la même manière, la peinture italienne utilisa l'idiome toscan depuis Giotto jusqu'à la mort de Michel-Ange, soit pendant presque trois siècles.

Les Florentins, en fait, inventèrent la Renaissance, ce qui revient à dire qu'ils inventèrent le monde moderne – bienfait discutable, certes. Florence constitue un tournant de l'histoire, et c'est ce qui trouble souvent le visiteur contemporain, quand il y réfléchit – ce sentiment que quelque erreur épouvantable a été commise là, quelque part entre Giotto et Michel-Ange, une erreur liée au pouvoir et à la mégalomanie, aux dimensions monstrueuses de l'*ego* humain. On peut voir, si l'on veut, la fatalité inscrite sur les murs du Palazzo Pitti ou du Palazzo Strozzi, ces formidables édifices de pierre hérissée, omnipotente, ou dans le regard fixe, froid, vaniteux, du *David* de Michel-Ange, amoureux de sa propre force et de sa beauté. Ce sentiment que donne Florence d'être le lieu de la faute ou de l'erreur originelles, il était difficile de ne pas le ressentir, juste après la Seconde

Guerre mondiale, alors que le pouvoir, la technologie, avaient réduit le monde en cendres. « C'est *toi*, le responsable », accusait tristement un Florentin, parcourant des yeux la salle consacrée à Michel-Ange, après la réouverture du Bargello. Par contraste, le campanile de Giotto fait figure de comparse innocent.

Mais rien ne pouvait entraver l'invention du monde moderne, que ce fût le campanile de Giotto, le *Saint Georges* ou la chapelle des Pazzi de Donatello, ou la *Trinité* de Masaccio. Les Florentins introduisirent la dynamique dans les arts, ce qui impliquait une accélération continuelle, une ruée en avant qui créait l'obsolescence dans son sillage, comme les nouvelles techniques industrielles. Le dernier mot, tout au long de la Renaissance, vint toujours de Florence. Lorsqu'en 1423, Cosme l'Ancien arriva à Venise, en exil, accompagné de son architecte Michelozzo, et de sa cour de peintres et d'érudits, pour être logé comme un prince sur l'île de San Giorgio, sur la lagune, les Vénitiens furent ébahis par ces hommes tellement en avance sur leur temps, tout comme devait les stupéfier Léonard de Vinci, plus tard, à l'époque de Giorgione. Les Romains, observant les jeunes Brunelleschi et Donatello dirigeant les ouvriers qui fouillaient les ruines des anciens temples et thermes, supposèrent qu'ils cherchaient un trésor enfoui, d'or et de pierres précieuses, et les mesures que prenaient les deux jeunes gens débraillés semblaient confirmer cette idée ; on pensait qu'ils utilisaient la géomancie, ou la divination par les lignes et les chiffres, pour trouver l'emplacement du trésor. Un siècle plus tard, les Romains, ayant assimilé les leçons des « chasseurs de trésor », exhumaient le Laocoon.

Les Florentins, où qu'ils aillent, jouaient le rôle de perturbateurs, de novateurs. Quand, exilés, ils se réunirent à Ferrare, la peinture à la cour ducale acquit un éclat fiévreux, qui atteint le sommet d'une beauté presque effrayante dans les fresques du Palazzo Schifanoia («Chassez vos soucis»), allégories des saisons et des signes du zodiaque, réalisées pour le mariage du jeune Borso d'Este, et destinées à remplacer celles de Piero della Francesca, abîmées par le feu. Séjournant à Urbino, à Rimini, à Mantoue, ils laissèrent derrière eux, dans ces charmants duchés, des chefs-d'œuvre exquis de peinture, d'architecture, de sculpture, comme autant de mouchoirs abandonnés, témoignages de leur art extraordinaire, qui stupéfiait les écoles locales. Giotto ayant travaillé à Padoue, à la chapelle de l'Arena, l'influence de son style monumental devait se répandre dans toute la Vénétie; les grandes fresques de Tommaso da Modena, à Trévise, et les cycles d'Altichiero, à Vérone, proclament, comme des témoignages de colonisation, la paternité de Florence. Plus d'un siècle plus tard, Padoue, de nouveau, devait se faire l'écho d'une nouvelle révolution florentine, lorsque Donatello y vint pour ériger l'énorme statue équestre de Gattamelata sur la Piazza del Santo, nouvelle merveille du monde qui inspirerait le jeune Mantegna et, par son intermédiaire, les Vénitiens, déjà déstabilisés par Masolino, Uccello, et ce montagnard sauvage des Appenins toscans, Andrea del Castagno. (Le monument à Gattamelata est généralement considéré comme la «première statue équestre depuis l'Antiquité», bien que nombre d'autres, en fait, l'aient précédée – par exemple la statue de Cangrande, protecteur de Dante, à Vérone. Mais l'effet produit par l'arrogant condottiere à cheval de Donatello était tel que ceux qui le contemplaient en oubliaient tous les autres, pour voir en lui le premier représentant d'une nouvelle espèce. De même, le *David* de Donatello n'est pas réellement le «premier nu depuis l'Antiquité»; c'est le premier nu *debout.*) Au cours du siècle suivant, Léonard de Vinci devait également semer la perturbation lors de ses déplacements : à Venise, où il troubla Giorgione et le jeune Titien ; à Milan, où une école milanaise vit hâtivement le jour, inspirée par lui. Peu après, les sculpteurs funéraires florentins transportèrent la Renaissance déjà déclinante, comme un malade, jusqu'à l'Angleterre des Tudor ; Pietro Torrigiani sculpta le tombeau d'Henry VII, dans l'abbaye de Westminster, et des artisans venus des collines autour de Florence, Maiano et Rovezzano, travaillèrent pour le cardinal Wolsey. Il est curieux de penser que Michel-Ange, que l'on pourrait voir comme un contemporain de Beethoven, mourut l'année où naissait Shakespeare ; cette conjonction de dates donne une idée de la distance qui séparait Florence du reste du monde. Même à Rome, nombre de réalisations parmi les plus éblouissantes (la chapelle Sixtine, le tombeau du pape Jules II, celui d'Innocent VIII, la coupole de Saint-Pierre, les fresques de Masolino à San Clemente) sont l'œuvre de Florentins.

Ceux-ci, à l'étranger, et lorsqu'ils n'étaient pas des exilés politiques conspirant les uns contre les autres, ruminant leur vengeance et fomentant des guerres qui les ramèneraient au pays, provoquaient des perturbations d'une autre nature, bousculant les préjugés de l'œil et de l'esprit. Que ce soit chez eux ou à l'extérieur, ils se montraient indépendants, difficiles à vivre, condescendants et vifs d'esprit. « Voici donc le petit monsieur », déclarait le pape Eugène IV, jaugeant Brunelleschi, « qui serait assez fort pour faire basculer la terre sur son axe. » « Votre Sainteté, dites-moi simplement où appuyer mon levier, et je vous montrerai ce que je peux faire. » La repartie spontanée du petit architecte résume l'attitude des Florentins, inspirée d'Archimède : « Donnez-moi un point d'appui, et je soulèverai le monde.» L'anecdote de Giotto et de son cercle, qui devait donner l'expression « rond comme le O de Giotto », exprime la même concision, et la même confiance en soi. Comme un envoyé de l'un des prédécesseurs de ce pape lui demandait un échantillon de son travail, Giotto dessina simplement un cercle parfait au crayon rouge, à main levée, et l'envoya au Saint-Père, qui comprit l'idée : un homme qui pouvait faire cela n'avait nul besoin, comme un artiste ordinaire, de lui soumettre des dessins.

On peut voir, sur le campanile de Giotto, un petit bas-relief représentant Dédale, l'homme-faucon de l'Antiquité, dont le nom Daedalus signifie « habile artisan ». Il est montré couvert de plumes, avec dans le dos les ailes qu'il s'était dessinées, d'après un modèle qui pourrait être de la main de Giotto, et il ne fait guère de doute que ce grand inventeur, ingénieur surdoué, qui construisit le labyrinthe de Minos et était également un célèbre sculpteur, eût été le personnage mythique duquel s'inspirèrent les bâtisseurs et artisans florentins ; de même, ce n'est sans doute pas un hasard si la machine volante fut inventée par le Florentin Léonard de Vinci qui tenta, dit-on, de s'envoler du mont Ceceri, la grande falaise de Fiesole où Milton situe Galilée avec son « verre optique », et où les prêtres-astrologues étrusques étudiaient les cieux. L'ambition de déplacer les montagnes, littéralement, courait dans le sang de ces hommes des collines. Vinci, si l'on en croit Vasari, conçut non seulement des tunnels creusés sous la montagne, mais envisagea également la possibilité de les déplacer d'un endroit à un autre.

La plupart des architectes et sculpteurs florentins étaient également des ingénieurs. Brunelleschi tenta de contraindre Lucques à la défaite grâce à un ingénieux système destiné à détourner le fleuve Serchio et à inonder les abords de la ville ennemie – plan qui avorta. Durant le grand siège de 1529-1530, Michel-Ange fut invité à superviser la défense de la ville et, avant de s'enfuir, fit construire les fortifications que l'on peut toujours voir non loin de San Miniato. Ses projets de construction pour le duc de Milan sont célèbres. Les sculpteurs-architectes florentins, lorsqu'ils ne travaillaient pas pour la République, étaient très demandés par les tyrans du voisinage pour réaliser des travaux de génie civil, canaux, arsenaux, fortifications.

Les préoccupations de pouvoir du tyran créaient une parenté naturelle entre lui et l'ingénieur florentin, également avide de pouvoir – celui de l'homme sur la Nature. Les relations étroites qu'eut Michel-Ange avec quatre papes successifs, à commencer par Jules II, le belliqueux Della Rovere, et Léonard de Vinci mourant dans les bras de François Ier, témoignent d'un lien plus profond qu'un simple rapport d'employeur à employé ; il existait parfois des affinités électives. Le pape Clément VII (Jules de Médicis) confiait que, chaque fois que Michel-Ange venait le voir, lui, le Pape, se hâtait de prendre un siège et d'inviter le sculpteur à faire de même car, s'il n'était pas assez rapide, Michel-Ange s'asseyait le premier, sans permission.

Cette absence de déférence envers le Pape n'était nullement une marque d'insolence. Michel-Ange, comme la plupart des Florentins d'hier ou d'aujourd'hui, ignorait la « demi-mesure ». Cette attitude d'égalité face aux princes participait d'une certaine simplicité, d'une manière de s'exprimer un peu fruste, qu'entretenaient les assemblées publiques, le commerce, et l'absence de cour. Il y a quelque chose de Benjamin Franklin chez Michel-Ange, lors des audiences papales. La vanité, l'ambition sans borne des Florentins s'appuyait sur le sentiment d'une supériorité « naturelle », qui ne requérait aucun vernis extérieur, et Michel-Ange, qui aimait à laisser quelques parties mal dégrossies sur une statue achevée, la trace dure des outils qu'il avait utilisés, laissait, de la même manière, transparaître quelque rugosité dans son langage et ses manières, pour exposer la marque de la Nature qui l'avait créé selon un certain moule. Alors que Clément VII était encore cardinal, Michel-Ange lui écrivit froidement : « Si le Pape émet à présent des brefs autorisant les gens à voler, je prierai votre Très Révérende Seigneurie de bien vouloir m'en procurer un, car j'en ai plus besoin qu'eux. » « Eux », c'était le chapitre du Dôme, assemblée d'ecclésiastiques avec lesquels Michel-Ange négociait péniblement quelques terres.

L'attitude des Florentins à l'égard de l'Antiquité était la même qu'envers les papes et les princes. Ils se considéraient comme les égaux des Anciens, et établissaient avec eux des rapports démocratiques – c'est-à-dire des rapports de compétition, de rivalité. Lorsque Brunelleschi et Donatello prenaient les mesures des temples et des statues antiques, à Rome, ce n'était pas dans le but de les copier, mais de comprendre comment les Anciens procédaient, quels étaient leurs principes. L'imitation, telle que la proposait Alberti, était incompatible avec ce genre de curiosité, celle d'un homme de l'art observant un collègue au travail, pour voir quelle méthode il utilise. En littérature, les Florentins, Politien, par exemple, succombèrent très vite à la fureur du classicisme, mais en arts graphiques et en architecture, Florence, bien qu'extrêmement classique à sa manière, ne montra jamais cette soumission à l'antique qui sévissait partout ailleurs; c'est pourquoi Alberti rencontra si peu de succès avec ses « ordres ».

C'est remarquablement tôt que les Florentins

adoptèrent cette attitude de franche rivalité face à l'ancien monde. Lorsque le Dôme fut commandé à Arnolfo di Cambio, en 1296, pour remplacer la vieille église Santa Reparata, une proclamation expliqua les desiderata des citoyens : « La République florentine, s'élevant toujours au-dessus des conceptions des juges les plus compétents, désire que soit bâti un édifice si grandiose par sa hauteur et sa beauté qu'il surpasse tous les monuments construits, du temps de leur plus grande puissance, par les Grecs et les Romains. » Cette volonté d'outrepasser des normes tenues alors pour immuables et éternelles tenait presque du blasphème, ou *hubris* ; pour les oreilles contemporaines, cette commande impérieuse a quelque chose d'« américain » : un millionnaire pourrait ainsi ordonner à son architecte de lui construire quelque chose de plus grand et de plus luxueux que le Parthénon.

La tournure d'esprit florentine consistait à s'opposer à toute idée de hiérarchie établie, qu'elle fût imposée par le pape, l'empereur, ou la simple force de l'habitude. Dante lui-même avait fait son plan de table, pourrait-on dire, pour l'au-delà, dans lequel il installait par exemple au paradis son vieux professeur de grammaire, Donato ; et il semble avoir été également conscient de cette notion de progrès, et de son corollaire, l'obsolescence, dans les arts. « Cimabue pensait avoir tout le terrain à lui », dit-il dans le *Purgatoire*, « mais à présent, c'est Giotto qui compte, et qui l'a rejeté dans l'ombre ». Chaque artiste s'employait à rivaliser, non seulement avec ses concurrents immédiats, mais aussi avec tous les modèles de perfection existant déjà. On pensait qu'une simultanéité, une égalité existaient à la base, sur la ligne de départ, si l'on veut, entre les vivants et les morts, et aucune référence ne s'imposait, si ce n'est celle qu'établissait chaque œuvre nouvelle, comme elle se révélait dans sa nature propre. Aucun des grands artistes florentins, à l'exclusion des premiers Della Robbia, des deux Lippi et de Ghirlandaio, si l'on veut bien le considérer comme un grand, ne faisait partie de ces entreprises familiales, telles Bellini & Fils, les Frères Vivarini, les Tintoret, les Da Ponte de Bassano, si communes à Venise et dans la Vénétie. À Florence, chaque homme se battait, s'il avait du génie, pour son unicité. Un comportement semblable se fit jour, en matière de mode. Au XIVe siècle, rapporte Burckhardt, les Florentins cessèrent de suivre la mode, et chacun se mit à se vêtir comme bon lui semblait.

Le Dôme d'Arnolfo ne surpasse pas le Parthénon ; il n'en demeure pas moins un édifice remarquable. La grandeur a toujours été une des formes possibles de la beauté, et les contemporains de la Renaissance en étaient plus conscients que les esthètes d'aujourd'hui. « Laissez-moi vous expliquer à quel point le Dôme est beau », écrivait Vasari ; suit le relevé de ses dimensions. La taille d'une réalisation était la mesure de sa sublimité ; les gens, parcourant des yeux une liste de cotes et de hauteurs, y voyaient un exploit d'une rare audace. Et en matière d'audace, les Florentins excellaient ; c'est pourquoi leur architecture, leur sculpture, et une grande part de leur peinture, relèvent d'une telle virilité.

Vu de l'extérieur, le Dôme stupéfie toujours par sa masse, parfaitement disproportionnée par rapport aux rues étroites qui y conduisent. Il est au cœur de Florence comme une énorme montagne neigeuse déposée là par quelque force de la nature, et c'est, de fait, une sorte de montagne créée par l'homme, s'élevant de la plaine de la ville et rivalisant avec celle de Fiesole, visible au loin. Contrairement à Saint-Pierre de Rome, soigneusement précédée par une colonnade, des fontaines et un obélisque, le Dôme de Florence apparaît comme un fait indiscutable, au milieu des boutiques, des *pasticcerie*, et du manège infernal de la circulation. Il frappe par sa taille, mais aussi par sa gaieté – le déploiement de son abside froncée et sa tribune de marbre aux motifs toscans, vert sombre de Prato, blanc immaculé de Carrare, rose de la Maremme. C'est une montagne, mais c'est aussi un chapiteau de cirque de toile, ou une tente dressée pour une fête. Avec le Baptistère et le charmant campanile de Giotto, il constitue une surprise joyeuse, dans la cité austère, brune et grise, administrative, et l'on trouve en effet, dans toute la Toscane, ce contraste typique entre l'ennuyeuse pierre grise de la politique et la gaieté du marbre des églises.

À l'intérieur, le Dôme d'Arnolfo est d'une grande noblesse – solide, immense et grave, avec d'imposants piliers de pierre, comme des chênes jaillissant du sol et soutenant des arches massives, si ouvertes que l'on peut à peine les qualifier d'ogives. Cette splendide salle de pierre ne s'élève pas dans les airs, comme une cathédrale gothique ; l'élan se voit brisé par une étroite galerie de fer qui la ceint, et en souligne le tracé. Quelques bustes commémoratifs ; l'horloge d'Uccello ; les deux chevaliers caparaçonnés, en trompe l'œil ; les yeux ronds, profonds des fenêtres enchâssées de vitraux à larges motifs, haut placées dans les murs épais ; la petite statue d'un évêque donnant sa bénédiction ; quelques représentations décolorées, sur fond d'or ; une fresque de Dante, abîmée ; deux statues du prophète Isaïe ; un bénitier – voilà à peu près tout ce que l'on peut voir dans cette nef longue et silencieuse, avant de déboucher dans l'immense chœur octogonal, entouré de chapelles ombreuses, presque obscures, et couronné par le dôme de Brunelleschi. Il n'y a là que les éléments essentiel du bâtiment, toit et soutènement, et les éléments essentiels de la foi : piliers, arches, membrures, murs, lumière, eau bénite, mémoire des défunts, et une horloge qui indique toujours l'heure.

L'audace d'Arnolfo, premier grand maître bâtisseur florentin, ne résidait pas seulement dans la dimension de l'entreprise, mais aussi dans l'accentuation délibérée de l'essentiel – ce que les Italiens appellent la *membratura*, ou structure du bâtiment, terme tiré de l'anatomie (c'est-à-dire du modèle humain). Michel-Ange, dernier des grands constructeurs dans la tradition d'Arnolfo, considérait que l'architecture était parente de l'anatomie, et le Dôme de Florence, avec sa *membratura* prononcée, est semblable à un bâtiment dénudé, exhibant ses muscles, ses tendons, et, au-dessous, sa structure osseuse. À l'extérieur, c'est une montagne vertigineuse, enchâssée de marbres de Toscane et, à l'intérieur, c'est un homme dressé. Arnolfo était également sculpteur, et les œuvres qu'il réalisa pour l'ancienne façade (aujourd'hui remplacée par une façade victorienne) et l'intérieur de l'église (visibles au musée de l'Œuvre du Dôme) ont un étrange air de famille avec l'intérieur du Dôme lui-même, comme si Madones, saints, évêques, et édifice étaient de la même race de pionniers – grands, robustes, impassibles.

Arnolfo en était arrivé au chœur, d'aucuns disent même au tambour de la coupole, quand il mourut. Dans l'ampleur de son ambition, il laissa ses successeurs face à un problème qui ne devait pas être résolu avant plus d'une centaine d'années : comment poser un toit sur le vide immense du chœur. Il n'existait aucun précédent, nulle coupole de dimension comparable n'ayant été élevée depuis l'Antiquité, et la méthode utilisée par les Anciens demeurait un mystère. On invita des experts à se prononcer. L'un d'eux suggéra d'élever une immense butte de terre remplie de petites pièces *(quattrini)* au milieu du chœur, et d'ériger le dôme sur cette base. Lorsque le bâtiment serait achevé, on convierait le peuple de Florence à la chasse aux *quattrini*, de sorte que la montagne de terre serait promptement arasée, laissant la coupole en l'air. L'intérêt principal de ce curieux projet était qu'il assurait la gratuité d'une partie du travail – un travail de fourmi, pourrait-on dire. La République, toujours ambitieuse, mais toujours soucieuse d'économie, avait éludé le problème des honoraires d'Arnolfo en lui consentant une simple remise d'impôts.

En 1418, était ouvert un concours pour le dôme, s'adressant à tous les maîtres architectes italiens. Ces concours pour l'édification de bâtiments publics étaient chose courante à Florence, et le jeune Filippo Brunelleschi en avait perdu un, peu de temps auparavant, contre le sculpteur Lorenzo Ghiberti, dont le modèle avait été choisi pour les bronzes des deuxièmes portes du Baptistère. Déçu – ainsi le veut l'histoire –, il était parti pour Rome avec Donatello, et s'était fait architecte, sachant qu'il pouvait surpasser quiconque en ce domaine. Il devait demeurer plusieurs années là-bas, gagnant sa vie comme orfèvre, tout en examinant les bâtiments romains, particulièrement le Panthéon, avec sa coupole. Quand le concours fut lancé, il revint à Florence, déclarant qu'il avait trouvé le moyen d'élever le dôme de Santa Maria del Fiore sans utiliser de cintrage – chose que tout le monde croyait impossible.

Face à une assemblée de sceptiques, pareil à Christophe Colomb, il anticipa sur ce dernier, et sur son œuf. Selon Vasari, « il proposa à tous les maîtres, compatriotes et étrangers, que celui d'entre eux qui parviendrait à faire tenir debout un œuf sur un morceau de marbre lisse soit choisi pour ériger la coupole, car son génie serait évident. Ils prirent donc un œuf, d'un commun accord, et tous ces maîtres firent de leur mieux pour le faire tenir debout, sans qu'aucun trouve le moyen d'y parvenir. Sur quoi l'on suggéra à Filippo d'essayer. Il s'en saisit, délicatement, en frappa le fond sur le marbre, et l'œuf se tint droit.» Il devait coiffer le chœur de l'église d'une double coupole, l'une reposant sur l'autre, à l'intérieur, le poids de l'ensemble étant ainsi réparti – idée qu'il avait dû avoir en observant le Panthéon.

Cette coupole de Brunelleschi, outre cet aspect miraculeux, était extrêmement bien conçue sur un plan pratique, dans tous ses détails. Elle possédait des gouttières, de petits conduits, ou ouvertures, pour réduire la pression du vent, des crochets de fer à l'intérieur, destinés à d'éventuels échafaudages, de sorte que l'on pourrait réaliser des fresques, le cas échéant, la lumière pénétrait dans le *ballatoio*, la galerie qui courait jusqu'au sommet, afin que l'on ne trébuche pas, et des marches de fer étaient scellées, là où la pente était la plus raide. Pendant la construction, Brunelleschi avait même fait installer là-haut des cantines et des buvettes provisoires pour ses ouvriers, qui pouvaient ainsi travailler toute la journée, sans avoir à effectuer un aller-retour fastidieux à l'heure du déjeuner. Il avait pensé, en effet, à tout.

En somme, ce dôme était une merveille, à tous égards, et Michel-Ange, appelé à réaliser celui de Saint-Pierre, rendit hommage à Brunelleschi dans un petit poème :

Io faro la sorella
*Già più gran ma non più bella**.

Vasari déclarait que la coupole supportait la comparaison avec les cieux. «Cette construction s'élève

* «Je vais réaliser sa sœur, / Plus grande, oui, mais non plus belle.» *(N.d.A.)*

à une telle hauteur que les collines qui entourent Florence semblent ne pas l'égaler. » La foudre la frappait fréquemment, ce qui était considéré comme une marque de jalousie du ciel. Les Florentins, apprenant qu'on allait déposer sur la coupole une lanterne, dessinée par Brunelleschi mais réalisée après sa mort, s'en alarmèrent, disant que c'était là « tenter Dieu ».

Michel-Ange avait raison, quand il disait que le dôme de Saint-Pierre ne serait pas plus beau. De plus, Brunelleschi était le *premier*, Michel-Ange savait se montrer coupant et sarcastique à l'égard de ses collègues, architectes et sculpteurs. Il refusa le projet de façade pour San Lorenzo, par Agnolo, en le qualifiant d'« enfantin », et de la galerie extérieure du Dôme, réalisée par le même architecte, il disait que c'était une « cage à grillons » (on vend toujours des grillons, enfermés dans de petites cages, comme celles auxquelles il fait allusion, dans les Cascine, le jour de l'Ascension, fête de printemps correspondant aux anciennes calendes romaines et appelée à Florence « Fête des Grillons »). Mais il avait une conscience aiguë de la véritable grandeur (il appelait les deuxièmes portes du Baptistère, de Ghiberti, les « portes du Paradis » et, s'adressant au *Saint Georges* de Donatello, lui disait « Marche ! »), et ses œuvres d'architecte porteront toujours l'empreinte de Brunelleschi, mort bien avant sa naissance, qu'il pouvait dépasser, mais nullement surpasser : faire plus grand, oui, mais pas plus beau. La mise en scène voyante des tombeaux des Médicis, l'escalier de la bibliothèque Laurentienne, la coupole de Saint-Pierre sont du Brunelleschi, en plus pléthorique. Les lourdes consoles du vestibule et de la cage d'escalier de la bibliothèque Laurentienne, avec leur découpe accentuée, profonde, leurs contrastes d'ombre et de lumière, leur *pietra serena* et marbre blanc, sont du Brunelleschi appuyé, joué *fortissimo*. Comme Arnolfo, Brunelleschi mettait en valeur la *membratura* d'un édifice ; Michel-Ange fait apparaître une fausse *membratura*, ensemble fictif de fenêtres, piliers de soutènement, consoles, etc. – en somme, un déploiement de muscles.

Avec Brunelleschi, la tradition florentine avait atteint son point culminant. On retrouve là – à San Spirito, par exemple, dans la Chapelle des Pazzi de l'Ancienne Sacristie de San Lorenzo, ou encore dans la Badia de San Domenico di Fiesole – la pureté, la gravité, la simplicité paisible des premières églises florentines. Il ne faut pas chercher l'ascendance de Brunelleschi dans la Rome classique, mais dans cette petite église des Santi Apostoli, que la légende attribue à Charlemagne. Grise et blanche, de cette pierre gris sombre, justement appelée « sereine », contre l'*intonacco* blanc ; trois longues travées, dont l'une forme la nef centrale ; deux alignements de piliers couronnés de délicats chapiteaux corinthiens, courant tout au long de l'église et soutenant une succession régulière d'arches en plein cintre ; des voûtes s'entrecroisant comme des éventails s'ouvrant et se refermant ; des motifs décoratifs, toujours de pierre gris sombre, représentant des feuilles, des ovales et des flèches, des coquilles et des rayons de soleil – tout cela, éléments du classicisme toscan, de manière générale, se retrouve sans cesse dans les grandes églises de Brunelleschi, parfois accompagné de frises et d'œils-de-bœuf, dans les parties les moins austères, comme la sacristie, chez Donatello, Desiderio da Settignano ou Luca della Robbia : Chérubins au cou ceint de rayons semblables à des pétales de fleurs, ou ornés d'ailes croisées, comme des bavoirs amidonnés, les quatre Évangélistes, ou des scènes de la vie de saint Jean.

Les grandes églises de Brunelleschi, particulièrement San Lorenzo, paroisse de la famille Médicis, ont été relativement abîmées par des ajouts ultérieurs. La Chapelle des Pazzi, construite pour la famille du même nom comme une espèce d'oratoire privé, hors de l'église franciscaine de Santa Croce, n'a cependant pas été altérée, elle, et c'est là que vous trouverez la quintessence de Brunelleschi. C'est un petit temple, discret, carré, dans les tons jaunes, avec un avant-toit proéminent, presque comme un petit mausolée, ou comme une de ces urnes funéraires étrusques affectant la forme d'une maison et que l'on peut voir au musée d'Archéologie – les *aedes tuscanica*. Elle possède un atrium, ou pronaos, supporté par de sveltes colonnes corinthiennes, au-dessus desquelles court une frise de visages de chérubins dans des médaillons, œuvre de Desiderio da Settignano. Sous l'avant-toit se trouve une mansarde coiffée d'une coupole adjointe d'une très délicate lanterne. Un *tondo* de saint André en terre cuite vernissée, de Luca della Robbia (la chapelle fut réalisée pour Andrea de' Pazzi) se dresse au-dessus de la porte.

L'intérieur de la chapelle est composé d'une simple salle rectangulaire, éclairée par quatre fenêtres étroites et hautes, et d'une petite abside close de murs blancs et nus. Aux quatre coins, de hautes arches fermées de *pietra serena* gris sombre, comme le souvenir de quatre fenêtres. Des pilastres cannelés coiffés de chapiteaux corinthiens, également en *pietra serena*, se relaient au long des murs, indiquant les points de soutènement ; de même, les lunettes et arches porteuses de la chapelle sont soulignées de bandes de pierre sombre, contre le plâtre blanc, et les arches en plein-cintre sont accompagnées de rosettes de pierre incluses dans des rectangles dessinés sur le fond du mur blanc. L'arc répond à l'arc ; la courbe, à la courbe ; la rosette, à la rosette. Les rectangles de la partie inférieure sont surmontés par le demi-cercle des lunettes et des arches, lui-même coiffé par l'hémisphère de la coupole. Le jeu continuel entre ces formes de base et leurs variantes – carré contre rond, relief contre plan – évoque une musique suprême : celle de l'univers, résonnant dans un espace réduit.

Les douze Apôtres, par Luca della Robbia, dans des œils-de-bœuf bleu sombre et blancs entourés de *pietra serena*, sont inclus dans les murs, juste au-dessous d'une frise de chérubins et de moutons, réalisés en terre cuite, dans une alternance de bleu et de rose passé. Les lunettes de l'abside sont ornées de magnifiques coquilles grises, immenses, et celles de la nef montrent, rivalisant avec les Apôtres, les quatre Évangélistes, moulés en terre cuite vernissés par Luca della Robbia, d'après des maquettes de Brunelleschi, chacun accompagné de son symbole et compagnon : saint Luc et son taureau, saint Marc et le lion, saint Jean et l'oiseau, et saint Mathieu et l'ange incarné en homme. Le vernis des terres cuites est de couleur claire, d'une grande beauté dans la nef austère, grise et blanche. L'oiseau est d'un noir de corbeau, le lion couleur chocolat, le taureau brun ; les robes des Évangélistes sont éclatantes, d'un blanc ou jaune étincelants, ou d'un vert translucide ; et les quatre grands Maîtres, avec leur livre, se détachent sur un fond bleu et onduleux, comme confortablement installés au fond de la mer. Sous la petite coupole bleue qui coiffe l'abside, avec son autel tout simple, semblable à une table, on peut voir la Création de l'Homme et des Animaux. La chapelle n'est pas grande, mais semble abriter l'univers tout entier et les quatre vents, entre ses arches de *pietra serena*. On ne peut imaginer microcosme plus exquis que la chapelle des Pazzi, car tout est là, en bon ordre, selon de justes proportions, comme au septième jour de la Création, quand Dieu, satisfait de son œuvre, décida de se reposer.

Le drame puissant de la vie florentine semble avoir trouvé sa conclusion, avec Brunelleschi, dans un art d'une harmonie parfaite. Les luttes terribles qui embrasaient la ville et dans lesquelles, un peu plus tard, les Pazzi devaient prendre une part si active, trouvaient leur réponse dans l'équilibre – une sorte de réconciliation. On retrouve cette impression de paix sabbatique à la Badia de San Domenico di Fiesole, à flanc de colline, réalisée pour Cosme l'Ancien d'après les plans de Brunelleschi, et dans l'Ancienne Sacristie de San Lorenzo, pour laquelle celui-ci avait Donatello comme collaborateur – salle carrée, blanche, avec quatre grandes lunettes soulignées de *pietra serena*, coupole hémisphérique dotée d'une lanterne, ou « œil », frise délicate de chérubins, quatre petits panneaux de stuc peint représentant la vie de saint Jean l'Évangéliste, et quatre grands œils-de-bœuf de terre cuite colorée montrant les quatre Évangélistes profondément absorbés dans leur tâche, installés à des bureaux de style classique. Au-dessus de l'autel, dans la minuscule chapelle, au fond, s'élève une autre coupole en réduction, semblable à un jouet, peinte en bleu nuit pour imiter le ciel nocturne, et constellée d'étoiles dorées, comme un petit planétarium. Santo Spirito, l'église du Saint-Esprit, sur la grande place du marché, derrière l'Arno, est plus ambitieuse dans l'organisation de son espace, avec ses longues rangées de puissants piliers gris couronnés de chapiteaux corinthiens à motif floral, parcourant l'église en une colonne allant diminuant avec la perspective, comme une immense forêt (le bois de Birnam) en marche, mais ici également, on retrouve cette harmonie essentielle, cette mesure et cette paix, comme celle d'une angoisse résolue. L'agitation de Michel-Ange émane du calme de Brunelleschi.

Brunelleschi était un homme très terre à terre – un être simple, physiquement quelconque, petit et chauve. Il détestait l'exagération et la disproportion, et l'on raconte que son ami Donatello, lui montrant le crucifix de bois qu'il avait réalisé pour Santa Croce, avec un Christ rustique, souffrant d'atroces douleurs, Brunelleschi fit cette remarque mordante : « C'est un clown que tu as mis sur la croix. » Donatello lui demandant alors s'il pensait pouvoir faire mieux lui-même, Brunelleschi s'éloigna sans rien dire, et réalisa en secret son propre crucifix de bois (visible dans la chapelle Gondi, à Santa Maria Novella), qui devait tant stupéfier Donatello par sa beauté, lorsqu'il le vit dans l'atelier de son ami, qu'il laissa tomber les œufs qu'il apportait dans son tablier, pour déjeuner.

La vie quotidienne de ces artistes, dans laquelle figurent des tabliers et des œufs, comme dans celle de n'importe quel travailleur, se reflète dans leur art, qui est celui de l'essentiel, du pain et du vin, de la matière première de la construction humaine. Les grandes églises de Brunelleschi – San Lorenzo et Santo Spirito – sont presque ignorées des touristes, comme on l'a déjà vu ; elles appartiennent au peuple, à juste titre, et sont situées sur les places des principaux marchés florentins, là où les pauvres viennent faire leurs courses. Autour de Santo Spirito, s'installent les marchands de légumes et de fruits du quartier de l'Oltrarno, ainsi que les vieux clochards, boiteux, infirmes, immobiles au soleil, tandis qu'en face de San Lorenzo (le grand marché couvert se trouve juste derrière) déballent les colporteurs de chaussures bon marché, pour hommes surtout, alignées par centaines, et les marchands de tabliers et de bleus de travail accrochés à des cintres, comme des offrandes votives marron, bleues et blanches – couleurs de saint François et de la Madone. Labeur et repos, semaine et dimanche, *pietra forte* et *pietra serena* composent le *chiaroscuro* florentin, et leur interaction, comme celle de la sphère et du carré, explique la capacité unique des Florentins à recréer des mythes cosmiques dans l'espace d'une petite chapelle, ou d'un long poème. Le génie unitaire des Florentins, cette concentration de puissance qu'exprime la *membratura* virile de Brunelleschi, est de toute évidence le produit d'un univers délimité, considéré d'un regard commun, et rempli de références « communes ».

À Florence, l'absence de cérémonie dans les rapports était et demeure apparente dans toutes les classes sociales. On peut toujours voir des aristocrates faire leur marché, le panier au bras, choisissant des légumes pour leur déjeuner ou troquant les pêches de leur propriété contre des oranges de Sicile ; dans cette ville de célibataires, il semble que voir un homme faire des courses ait toujours été chose courante. Au cours du XVIIe siècle, les grands-ducs vendaient du vin en *fiaschi* à la porte de service du Palazzo Pitti, et d'aucuns se souviennent encore de nombreux palais où, au rez-de-chaussée, l'on pouvait acheter du beurre baratté dans les fermes des propriétaires. Certains poèmes de Laurent le Magnifique parmi les plus charmants sont des odes champêtres, exaltant en toute simplicité la vie à la campagne. La propriété florentine typique était en fait une ferme, avec des rangées d'oliviers et de vignes conduisant droit à la terrasse où s'élevait le corps de bâtiment. L'architecture paysagère de Florence est toujours gouvernée par une notion utilitaire : les citronniers en pots de terre qui flanquent les villas, et passent l'hiver dans la *limonaia*, ou serre des citronniers, les longues rangées de cyprès qui servent de brise-vent, les allées couvertes de tonnelles, où l'on peut trouver un peu d'ombre. Dans de gros pots, des géraniums et marguerites éclatants, des bouquets de zinnias et de dahlias – les fleurs à pousse rapide des pauvres et des paysans – qui sont les fleurs les plus courantes dans les villas de Toscane. On les coupe, elles repoussent ; comment aller loin avec peu : les meilleures recettes de la cuisine florentine sont nées de l'art d'accommoder les restes. De manière apparemment paradoxale, une maîtresse de maison florentine préparera une béchamel – ce qui, dans la plupart des villes italiennes, serait considéré comme un exploit de cordon-bleu –, pour transformer un reste de poulet en soufflé au poulet.

Florence possède en commun avec Athènes le sens de la vie simple, et les grands Florentins du Quattrocento, Donatello et Brunelleschi, vivaient comme des philosophes aux pieds nus. Socrate fait remonter ses ancêtres jusqu'à Dédale, ingénieur de génie dont Brunelleschi lui aussi aurait pu revendiquer l'ascendance mythique. De plus, l'architecture de ce dernier est un modèle de sagesse, tout comme les philosophies socratique et platonicienne, dans lesquelles les formes sont considérées dans leur essence, leur intégrité absolues : le carré d'un carré, la rondeur d'un cercle. Disons qu'une fenêtre dessinée par Brunelleschi sera, si l'on peut concevoir cette notion, une *idée* platonicienne de fenêtre ; pas une fenêtre en particulier, ni la somme de toutes les fenêtres existantes réunies en une seule, mais le modèle de base, la référence éternelle. Nous sommes là très loin des prétendues « formes idéales » des statues de Michel-Ange, où « idéal » signifie « mental », « imaginaire », « au-delà de la vie », en d'autres termes, « idéalisé », comme les grands-ducs sur les tombeaux des Médicis. En ce sens, les fenêtres de Brunelleschi ne sont nullement idéalisées ; ce sont de simples illustrations du mot « fenêtre », découpées dans un mur avec une concision sans appel, qui fait apparaître toute autre fenêtre comme un accident, un hasard, ou une boursouflure agressive. Ces cadres ouverts sur l'espace évoquent, dans leur profondeur incorruptible, la remarque tout à la fois simple et pénétrante de Léonard de Vinci, selon qui les yeux étaient les fenêtres de la prison du corps. Avec Brunelleschi, l'architecture florentine se fait profonde, dans les deux sens du mot ; chaque objet, chaque catégorie de choses – consoles, chapiteaux, arches, colonnes, voûtes – est elle-même avec une telle intensité, tellement imprégnée de son identité propre, qu'il en émane une sorte de douleur aussi bien que de joie, comme si le fait d'être soi-même éveillait la mémoire d'autre chose, d'un paradis de formes parfaites et immuables. Nulle part on ne pourra trouver meilleure illustration de l'ancienne doctrine de l'universel et du particulier, et de leur mystérieuse consanguinité, que dans la chapelle des Pazzi ou dans le deuxième cloître de Santa Croce, avec ses colonnes minces, pathétiques, et la sculpture aiguë, cruelle, de ses ornements, urnes, couronnes, coquilles et fossiles de pierre ponce.

Les critiques d'art italiens évoquent l'« honnêteté » de l'architecture de Brunelleschi ; *« schietto »*, il est « franc », voilà ce que l'on dit toujours de lui. « Vrai » serait plus adapté, car il y a chez lui cet amour du philosophe pour les vérités éternelles, élémentaires. Son dôme suscite chez le spectateur comme un étonnement lent, une étrange re-connaissance ; c'est ainsi qu'un dôme « doit » être, tout comme l'amour, pour un être jeune, est tout la fois une surprise, et ce qu'il savait devoir être, par les livres, par ce qu'il en avait entendu dire.

Tout l'art florentin, depuis Giotto et tout au long

du Quattrocento, possède cette stupéfiante qualité de vérité absolue, inattendue. Cela s'appelait, autrefois, la beauté. L'effet immédiat d'un grand Giotto ou d'un Masaccio est de laisser le spectateur sans voix. Pénétrant dans la première salle de la Galerie des Offices ou dans la chapelle Brancacci du Carmine, il éprouve une sensation qu'il ne reliera peut-être pas à ce que l'on appelle aujourd'hui beauté (mélange voluptueux de séduction et d'étrangeté) : l'impuissance des mots à traduire ce qu'il a en face de lui. Que peut-on dire ? Cet art n'est comparable à rien, qu'à lui-même, et en ce sens, il s'apparente à l'architecture – notion concrète, massive, qui s'impose dans la réalité. Il est relativement facile de parler d'un charmant Giorgione, d'un Titien, d'un Giovanni Bellini, même d'un Piero della Francesca ; ces œuvres sont, en fait, si enrobées de légendes et de littérature qu'elles agissent sur l'imaginaire comme un conte de fées. S'il n'y a rien à dire devant un Giotto ou un Masaccio, c'est, de toute évidence, qu'ils constituent toujours une révélation, une découverte si hors de propos, si brutale, qu'elle en provoque le mutisme, comme l'Annonciation ou la conception de saint Jean-Baptiste, qui priva le vieux prêtre Zacharie de l'usage de la parole.

C'est Masolino qui inaugura la série de fresques pour le Carmine ; le jeune Masaccio devait les reprendre, et Filippino Lippi les achever presque soixante ans après la mort prématurée de Masaccio. Les parties réalisées par Masolino sont pleines d'une grâce agile, charmante, tandis que celles de Filippino Lippi témoignent d'une remarquable acuité de portraitiste. Mais ce sont celles de Masaccio que l'on remarque immédiatement, grâce à leur vaste sens de l'espace, leurs volumes massifs, profonds, et leur implacable clarté de regard, qui balaie les panneaux en une perspective aérienne, comme le rayon d'un phare. Peu importe combien de fois il les a vues, ces *Histoire de saint Pierre* et du *Péché originel* déclenchent une sorte de stupeur chez le spectateur, due en partie, certainement, au réalisme des détails, par exemple le jeune garçon nu et frissonnant, sur le point d'être baptisé, ou l'œil voilé, fatigué du monde, de saint Pierre, comme il tend sa main ridée pour faire l'aumône, ou la silhouette accroupie de l'infirme (qui pourrait sortir tout droit des *Misérables*), ou encore le corps tassé, la bouche béante d'Ève que l'on chasse, hurlante, du Paradis – toutes les horreurs, toutes les difformités de la condition humaine. Mais ce réalisme clinique n'est qu'un aspect d'une vérité universelle qui expose la réalité du monde dans son ensemble, bien et mal, comme un éclair, ou comme le voile du Temple soudain déchiré, quand la mort du Christ ébranla la terre. L'allure, la dignité des personnages, toujours figés dans une sorte de tableau vivant, à un moment capital, suggère implicitement une reconnaissance, l'instant capital et bienheureux du drame suprême de la Rédemption.

De la même manière, le système effrayant de l'univers tout entier est exposé, entouré de l'architecture de Brunelleschi, dans la merveilleuse fresque de la Trinité de Masaccio, à Santa Maria Novella. Dressé à l'intérieur d'une fausse chapelle voûtée, soutenue par des piliers toscans, Dieu le Père, Lui-même sévère pilier de la justice, soutient la croix sur laquelle le Fils est cloué, bras largement écartés ; au-dessous, à genoux, la Vierge et le jeune saint Jean ; plus bas encore, à genoux également, hors de la chapelle voûtée, dominés par deux immenses pilastres corinthiens, se tiennent agenouillés les deux donateurs, l'homme accompagné de son épouse replète et réjouie. La Vierge, femme d'âge mûr au visage sagace, comme celui d'une abbesse, se tourne vers le spectateur avec un geste singulier, presque un haussement d'épaule, la paume tendue, tandis que le jeune saint Jean, vêtu d'une robe aussi rose que ses joues, prie, offrant un profil dur, comme un chevalier des croisades. Ici, tout comme dans la chapelle des Pazzi, c'est évidemment la grande ordonnance de la Nature qu'il nous est donné de contempler, traduite en une seule image – en l'occurrence, celle de la justice et de la Rédemption soutenues par la Croix. Cette fresque, avec sa logique effrayante, est semblable à un axiome mathématique ou philosophique : un triangle équilatéral s'inscrit dans une arche, elle-même inscrite dans un rectangle ; au centre, sommet du triangle et de toute chose, la tête de Dieu le Père, le *Padre Eterno*, avec sa barbe blanche et son regard gris et implacable. Dans sa cape bleu nuit, c'est Lui l'axiome incarné, la proposition qui s'impose d'elle-même, dont tout procède irrévocablement, et qui donne à chaque chose ses lieu et place.

Socrate avait pour conseiller une femme, Diotima, sorte de pythie qu'il consultait pour les questions délicates, telles que la nature de l'amour. Florence possédait nombre de ces femmes avisées. Lors du siège de 1530, une certaine sœur Domenica exerçait une grande influence auprès de la République, qui la consultait à chaque nouvel événement ; elle pensait que les Médicis étaient « destinés » à revenir, et conseillait donc de faire la paix avec le pape Clément (car il était vain de s'opposer au destin). À l'époque des Grands-Ducs de Toscane, existait également une femme célèbre et fort sage, Dona Maria Ciliego, qui vivait sous le portique de la Santissima Annunziata, rendez-vous très fréquente de toutes sortes de « figures » de la ville, soit que la Madone miraculeuse attirât les pèlerins les plus hétéroclites, soit que la galerie offrît un abri convenable contre les intempéries. Comme Diogène, cette philosophe, qui venait du peuple, vivait dans la rue, dormant sous une loggia ou un portique ; elle recevait l'aumône sans avoir à mendier, car elle parlait par magnifiques apophtegmes, et énonçait des dogmes de son cru. Elle était d'une extrême propreté ; elle transportait un balai avec elle, pour balayer ses « appartements » (c'est-à-dire le pavé sur lequel elle dormait). Dans son sac, elle avait du linge de rechange et une brosse à habits ; elle traînait également une bassine pour sa lessive et un petit *caldanotte*, ou fourneau, pour faire la cuisine. Sous sa jupe, elle rangeait des casseroles et des assiettes dans des sacs, ainsi que les éventuels restes ou provisions. Lorsqu'elle voulait se changer, elle se rendait à la maison qu'elle avait possédée autrefois, et où vivaient à présent sa sœur et son neveu, mais refusait toujours d'y dormir. *Nihil nimis.* À la fin de la semaine, elle distribuait aux nonnes pauvres ce qu'il lui restait des aumônes qu'elle avait reçues.

Ce personnage étonnant avait de toute évidence réduit à l'essentiel sa vie matérielle, sans remettre en cause ses propre notions de la propriété et de la dignité. Elle était d'une sagesse digne de l'Antiquité et menait ses petites affaires selon les principes de l'ordre et de la raison, contrairement aux anachorètes pouilleux de la tradition chrétienne. Pour elle, la beauté avait ses droits légitimes ; ses vêtements étaient couverts de pièces cousues avec goût, comme des bijoux.

Depuis la comtesse Mathilde de Toscane, qui obligea l'empereur Henri IV à s'agenouiller devant elle, dans son château de Canossa, les femmes de caractère, et parfois de caractère viril, jouèrent un rôle considérable dans l'histoire florentine. Il y eut la « bonne Guadralda » de Dante, avec son doux parler toscan, qui se maria à Guido Guerra, dont elle sut adoucir la férocité naturelle ; elle quittait son miroir, sans fard sur le visage, dit le poète. Lucrezia Tornabuoni, mère de Laurent le Magnifique, était un modèle de vertu et de raison, tout comme Cornelia, mère des Gracchi ; ces matrones donnaient des leçons d'autorité à leur fils – à commencer par l'autorité sur soi-même, le contrôle des passions, qui est, selon la vieille école, la première leçon de philosophie. Ce sont des femmes de ce genre que nous voyons en buste, sculptées par Mino da Fiesole, Desiderio da Settignano et Verrochio, bustes dont on dit parfois qu'ils sont copiés sur l'antique, alors que c'était plus probablement le modèle qui s'en inspirait.

Si Brunelleschi et Donatello (qui vivait avec sa mère) étaient parvenus à vivre de manière simple et frugale, selon ce qu'ils pensaient être les desseins de la Nature, Michel-Ange, lui, défiait celle-ci et les hommes par ses habitudes de vie, que Symonds qualifie de « répugnantes ». Son père lui avait recommandé de ne jamais se laver (« Fais-toi étriller, mais ne te lave pas »), et il semble avoir suivi son conseil avec ardeur. Il dormait avec ses longues guêtres, ou bottes de peau de chèvre, n'en changeant jamais, de sorte que le jour où il dut les enlever, la peau vint avec. Il devait puer horriblement, et ses habitudes de pingrerie affectèrent certainement sa santé. Lorsqu'il travaillait, il ne se nourrissait que de croûtes de pain. Froid, avare de mots, il n'écrivait que de courtes lettres d'affaires à ses relations. Bien qu'il fût souvent en voyage, occupé à faire ouvrir de nouvelles carrières dans les montagnes, et se rendant à cheval d'un site à l'autre, il se souciait peu de la campagne – si ce n'est pour acheter des terres. Comme le déclare Symonds, il était « absolument insensible » aux détails décoratifs, bijoux, matières, aux éléments de la nature, fleurs, arbres, paysages. Cependant, son indifférence au plaisir ne le rendait nullement, tels les stoïciens de l'Antiquité, insensible à la douleur.

Il était extrêmement jaloux des autres artistes, singulièrement de Léonard de Vinci, Raphaël et Bramante, et attribuait toutes ses difficultés avec le pape Jules II aux machinations de ses concurrents qui s'étaient interposés, prétendait-il, entre lui et le Pape pour l'empêcher de terminer le fameux tombeau. « Toutes les dissensions entre le pape Jules et moi », écrivait-il dans une lettre, « ont eu pour cause la jalousie de Bramante et de Raphaël ; et c'est pourquoi je n'ai pas pu finir son tombeau de son vivant. Ils cherchaient à me ruiner. Raphaël avait une bonne raison pour cela, car tout ce qu'il savait de l'art, il le tenait de moi. »

Il est possible que cela ait été vrai. Cet homme orgueilleux, avec son franc-parler, devait être haï par ses inférieurs et par ses rivaux. Quoi qu'il en soit, la jalousie et le soupçon prompt à surgir empoisonnèrent sa vie, qui ne fut, de son propre point de vue, qu'une série d'échecs et de tentatives sabotées. On ajouta des culottes à ses nus, dans le *Jugement dernier*, une feuille de figuier dorée à son *David* ; on l'empêcha d'achever le tombeau de Jules II ; on (Bramante, en l'occurrence) lui gâcha celle de Saint-Pierre ; la statue monumentale du pape Jules, qu'il avait réalisée à Bologne pour la façade de San Petronio, fut fondue ; on fit obstacle à son exploitation des carrières de Pietrasanta et de Serravezza ; on interrompit son travail sur la façade de San Lorenzo, dont il se vantait en disant : « Mon dieu, je me sens parfaitement capable d'entreprendre cette tâche... qui sera un miroir de la sculpture et de l'architecture pour l'Italie tout entière. » Et « on », ce n'était pas seulement Bramante et Raphaël, mais les papes, ouvriers, prélats, apprentis, habitants de

Bologne, gouverneurs de Florence, l'Arétin, l'ami de Titien – tout le monde, en somme ; les autres dans leur totalité qui, contrairement aux matières inertes, bronze, marbre, ne se pliaient pas à sa volonté. Et tout cela était vrai, plus ou moins ; il se vit persécuté, non seulement par la nature « inférieure » des autres, mais également par une malchance persistante, qui ne faisait que symboliser l'insoumission de la matière. Les accidents que connurent ses œuvres (le bras du *David* fut brisé par un jet de pierre en 1527, au cours d'un assaut contre le Palazzo Vecchio, lors d'un soulèvement) semblent effectivement prémédités par le destin, comme si la Nature elle-même, s'incarnant dans les passions humaines, montrait ainsi sa résistance à la tyrannie du génie de Michel-Ange.

La passion florentine de la grandeur et ce besoin d'être le premier dépassaient toute mesure humaine chez Michel-Ange, et sa souffrance, à cet égard, fut terrible. Parmi tous les concurrents en vie, il n'acceptait que Dieu pour rival, et ses dernières œuvres inachevées, pesantes, sont toutes des métaphores de l'acte originel, la création à partir du chaos. La lutte était franchement inégale ; tout (c'est-à-dire toute la création) jouait contre Michel-Ange – les montagnes, dont il s'efforçait de tirer le marbre comme un dentiste arrachant violemment une dent, les fleuves, les humains. C'est pourquoi tant de ses œuvres, comme celles de Léonard de Vinci, sont demeurées inachevées : aucune ne pouvait satisfaire une telle ambition. On peut atteindre à la perfection, tant qu'une limite est consentie ; sans cette frontière, on n'en voit jamais la fin. Desiderio da Settignano, ou Mino da Fiesole, disons, pouvaient finir ; Michel-Ange, lui, ne pouvait qu'arrêter.

Jeune garçon travaillant dans l'atelier de Ghirlandaio, il avait eu le nez cassé par le sculpteur Pietro

Torrigiani au cours d'une bagarre, à la suite d'une injure lancée à ce dernier. Cet accident, cette disgrâce physique était une sorte d'augure – la marque de Caïn. Ses portraits montrent le visage d'une statue mutilée. Cette rixe est quasiment la première chose que nous sachions de sa vie, et l'une des dernières refermera le cercle : âgé et solitaire, dans son austère demeure de Rome, il avait pris pour habitude de travailler la nuit, coiffé d'une espèce de bonnet auquel une chandelle était attachée, que Symonds compare à la bougie plantée dans le ventre d'un cadavre, pendant une leçon d'anatomie. À la lumière de cette chandelle, il sculptait une *Pietà* destinée à son propre tombeau, comme celui de Titien. Avant de l'avoir achevée, il s'avéra mécontent de son travail et, au lieu de l'abandonner, ainsi qu'il l'avait fait pour tant de commandes, prit un marteau et commença de le réduire en miettes. C'est cette *Pietà*, réparée, qui se dresse dans la chapelle de la tribune du Dôme*, près du grand cadran de Toscanelli (à présent recouvert d'une plaque de bronze), où se dessinaient les rayons du soleil, sur le sol. La Vierge a le bras droit cassé, et la main fêlée ; un des tétons du Christ mort a été réparé, mais son bras gauche porte toujours de vilaines cicatrices de marteau. La silhouette de Nicodème, vieillard encapuchonné, censé représenter Michel-Ange, est à peine ébauchée dans la pierre.

Là encore, les Florentins ont été les premiers. Ce groupe tragique, fracturé, est le premier exemple connu du vandalisme d'un artiste envers sa propre œuvre. D'autres sculptures ont été défigurées par le temps, les invasions, la révolution ou la guerre, mais voici une œuvre assassinée, pourrait-on dire, par la propre main de son auteur, comme si Dieu,

* Aujourd'hui au musée de l'Œuvre du Dôme. *(N.d.É.)*

dans un accès de rage, avait décidé de détruire la Création. Seul un Florentin pouvait faire cela. Si la *Pietà* de Titien est demeurée inachevée, c'est parce que celui-ci est mort de la peste, alors qu'il y travaillait.

CHAPITRE VI

La palette des grands novateurs florentins est décidément automnale, ou pétrifiée de froid. Les aubes brunes des frères franciscains, les barbes grises des saints patriarches, la chair cendreuse du Christ en croix, les plateaux de pierre grise et les contrées rocailleuses où vivent les ermites imprègnent le Trecento, provoquant un frisson que l'on ressent encore dans les rouilles, gris et sépias de Masaccio, les marrons violacés d'Andrea del Castagno, les oranges fauves et feuille morte de Michel-Ange, comme en plein été, les murs épais des palais-forteresses demeurent, dans certaines rues étroites où le soleil ne vient jamais les baigner, froids et humides au toucher. Le fer et la rouille pénétrèrent dans l'âme de ces maîtres ; le garçon tremblant de Masaccio, attendant d'être baptisé, sur la berge du fleuve, Adam et Ève, chassés du paradis, nus et hurlant, pour être jetés dans le monde glacial, sont les symboles de l'humain abandonné, désarmé, dépouillé comme un arbre en hiver. Ce sont les feuilles tombées, les branches nues, les roseaux desséchés qu'évoquent les tonalités de tous ces artistes. Le médium préféré d'Uccello, la *terra verde*, fait penser à des champs verdâtres recouverts par la gelée blanche. Les vieilles sorcières à la peau brune de Léonard de

Vinci se tiennent dans des grottes d'un bleu vert, et les teintes puissantes de Pollaiuolo sont toutes d'une nuance sombre, comme desséchée.

« Pollaiuolo », déclare un Florentin, désignant un plat de figues, de ces petites figues vertes et racornies de la seconde récolte, qui apparaissent sur les tables vers la fin septembre, et de Pollaiuolo, également, sont les derniers dahlias veloutés, jaunes, bordeaux et violets, qui surgissent chez les fleuristes, cueillette d'automne, juste avant la *vendemmia*, où l'on récolte les raisins à point. « Jaunes et noires et d'un rouge pâle et fiévreux, multitudes tombant sous la peste » – c'est dans les Cascine que Shelley composa son *Ode au vent d'ouest*, parmi les feuilles d'automne tourbillonnant de façon sinistre.

La fin du mois de septembre est la plus belle période de l'année, à Florence. San Miniato fait étinceler ses mosaïques vert et or dans le soleil couchant ; le lointain d'un bleu profond s'inscrit entre les trois arches couleur de miel du Ponte Vecchio. La ville compacte, brune et ocre, est semblable à une pomme du jardin des Hespérides, dorée contre le rideau de cyprès et d'oliviers qui couvrent ses collines, et les touristes s'en vont, tels des oiseaux migrateurs.

Mai également est une époque favorable, quoique incertaine ; en mai, la pluie peut tomber sans discontinuer, des jours durant. Un vent mauvais souffle, et l'on ressort les vêtements d'hiver, empestant souvent la naphtaline. Mai, cependant, demeure le mois « florentin » par excellence. Florence en mai, tel est le rêve de l'étranger ; sur les bords de l'Arno, des reproductions encadrées de *Vénus sortant des eaux* ou du *Printemps* rivalisent avec le linge fin et les articles de cuir proposés aux touristes. La ville apporte sa contribution, avec un *Mai musical* – saison de concerts et de représentations d'opéra qui, en fait, se prolonge en juin et juillet. Des floralies sont organisées, et le marché aux fleurs du jeudi, Piazza della Repubblica, met un peu de couleur dans ce quartier morose, avec ses plantes en pots pour balcons et jardins : bégonias, gloxinias, gardénias, géraniums et hortensias. Les azalées sont en fleur à la porte des villas, et le rossignol chante à Fiesole et à Settignano. Les joueurs de cornemuse font leur apparition à la Porta San Niccolò, venant des Abruzzes, et des mules, également descendues des Abruzzes, arrivent avec leur muletier pour transporter des troncs dans le Mugello.

Cette Florence du mois de mai a ses peintres : Bernardo Daddi, Fra Angelico, Fra Filippo Lippi, Benozzo Gozzoli, Verrochio, Botticelli – les artistes frais et gais qu'appréciaient tant les Victoriens. L'idée que l'on se fait communément de Florence et qui, comme la plupart des idées reçues, nous vient des Victoriens, se fonde sur leurs œuvres. Elle n'est cependant pas entièrement fausse. Il existait deux courants bien distincts dans la peinture florentine, tout comme il y avait, en politique, les Guelfes et les Gibelins, les Noirs et les Blancs. L'un est austère, imposant, automnal, parfois âpre ou blême – c'est la peinture « guelfe », pourrait-on dire, qui vit le jour avec Giotto et se poursuivit avec Orcagna, Masaccio, Uccello, Andrea del Castagno, Antonio Pollaiuolo, Léonard de Vinci, Michel-Ange ; l'autre est romantique, fleurie, printanière – c'est la peinture « gibeline », qui trouve ses racines à Sienne et s'épanouit tout d'abord chez Bernardo Daddi, puis chez Fra Angelico et les petits maîtres qui le stimulaient, puis chez Fra Filippo Lippi, Verrochio, et enfin Botticelli.

On pourrait dire aussi que la peinture florentine, essentiellement sévère, impassible et frugale, a son aspect plus tendre. Ou qu'elle oscille entre deux images, situées aux deux pôles : celle de la

Crucifixion et de la chair plombée du Christ, et celle de l'Annonciation. Il est vrai que Fra Angelico peignit des Crucifixions très émouvantes, et que Vinci peignit des Annonciations, que la palette de Giotto, avec ses roses argentés, ses jaunes d'or, ses blancs éclatants, étincelants, brille d'un feu plus clair et plus doux que les gris fer et les rouilles de ses grands successeurs, qu'Uccello est un cas à part, un mélange des deux (prenons sa fantaisie chevaleresque de *Saint Georges et le Dragon*, visible au musée Jacquemart-André, à Paris, comme un exemple de la singulière affectation «gibeline»), que Piero della Francesca (qui ne devait toutefois plus peindre à Florence, après son apprentissage) ne peut aucunement être rangé dans l'une de ces deux catégories. Cependant, avec toutes ces réserves, le contraste demeure palpable. Une fissure parcourt la peinture florentine, qui s'élargit tout au long du Quattrocento, pour devenir une faille béante, ou une patte-d'oie. Ce n'est pas non plus une question d'écoles. Michel-Ange, peintre austère, fit ses classes dans l'atelier de Ghirlandaio, suave maître des études de genre; Andrea del Castagno, qui imposa une certaine crânerie à la mode à ses personnages brutaux, primaires, épais, influença Botticelli, pendant un temps; Fra Angelico étudia avec Masaccio.

Les œuvres «guelfes» ressemblent à Florence, la ville de pierre, tandis que les «gibelines» évoquent la campagne au mois de mai. Il y a là, en permanence, un champ couvert de rosée, parsemé de fleurs multicolores, ou un jardin clos de rosiers, d'orangers et de cyprès, ou une loggia aux piliers roses, décorée de lys de Pâques, avec une allée bordée de massifs, entr'aperçue derrière. Dans le jardin, dans le champ, est assise une jeune fille – la Madone, avec l'Enfant béni dans son giron. La loggia carrelée de céramique est le lieu de l'Annonciation, portée par un ange glorieux aux ailes immaculées, bordées de feu. La loggia peut devenir une charmante chambre à coucher, meublée de livres, d'un prie-dieu ou d'un lutrin, de plantes en pots, et d'un lit à baldaquin couvert de traversins, tandis que la jeune fille dans le champ peut se transformer en nymphe ou en déesse régénérée. Chez Angelico le Bienheureux, la scène peut se transporter au Paradis, où la jeune fille se verra couronnée par le Sauveur, au son de trompettes d'or dans lesquelles soufflent des anges. Mais le déplacement s'effectue en douceur, car c'était dans un Paradis terrestre que demeurait déjà la jeune fille, et les Cieux eux-mêmes, avec leurs chœurs angéliques et leurs tapis d'Orient, ne peuvent être plus magnifiques que le printemps toscan.

De nos jours, la Toscane est, dans sa plus grande partie, cultivée, entretenue, et couverte au printemps de délicates nuances de différents verts : le jaune vert du maïs et du blé en herbe, le vert bleu du seigle, en face duquel défilent, comme pour les manœuvres de printemps, des colonnes d'oliviers vert argenté, de figuiers vert-jaune, de vignes sulfatées, bronze et bleu-vert, convergeant, changeant de front, se déployant, tandis que les cyprès et les pins parasols d'un vert sombre, toujours dessinés de profil au sommet d'une colline, le long d'une pente, demeurent immobiles, aux aguets, brise-vent dressé contre le ciel d'un bleu pâle. Cependant, les champs de fleurs existent toujours, dans les régions les plus hautes, le Mugello et le Casentino, dans le Chianti, près d'Arezzo, bordant des routes secondaires qui traversent des forêts de chênes, de hêtres et de marronniers, au bord desquelles s'alignent des piles de bois de chauffage, comme dans quelque pays de pionniers. Ces champs incroyables, au début du mois de mai, sont très semblables à la représentation qu'en donnaient les peintres du Quattrocento – épais tapis d'herbe et de fleurs sauvages : coquelicots rouge vif et iris bleus (échappés d'un jardin), glaïeuls sauvages, d'un rose profond, anémones roses et lavande, muscaris velus, pâquerettes, bleuets, fleurs de lin, primevères, ancolies et campanules, l'œillet sauvage, d'un rose violent, que l'on appelle lychnis, fleurs de fraisiers, orchidées sauvages, ail sauvage, ravissant, vert et blanc. Début mai, en tout cas, la charrue ne les a pas touchées ; dans la campagne, pas une présence humaine, pas un son, si ce n'est l'appel des hirondelles et le fracas lointain d'une chute d'eau. Les bûcherons s'en sont allés. On pourrait croire que ces champs pléthoriques s'épanouissent pour eux-mêmes, à l'écart de toute humanité, comme les étoiles au ciel. Et ils évoquent en effet un firmament déployé sur la terre, comme dans *Le Printemps* de Botticelli, où Flora marche en semant des fleurs au vent, ou dans *Vénus sortant des eaux*, où des fleurs semblables à des houppettes roses tombent, aériennes, sur un rivage bordé de roseaux.

Cet univers, donc, l'univers des peintres du printemps, n'est pas un monde de conte de fées. Il est parfaitement réel, mais inutile, et donc fragile, toujours en péril, fugitif et transitoire. Pour le rendre profitable, il faudrait le détruire – le transformer en pâturage, passer la charrue au milieu des fleurs. La campagne agricole toscane, avec ses champs bien disciplinés entre des haies rectilignes, ses récoltes, ses collines coniques, ses routes blanches et ses fleuves laiteux, appartient à Piero della Francesca et à Baldovinetti, régisseurs et superviseurs de l'espace ; et ses coins plus verdoyants, plus veloutés, avec les riches replis des vallées et l'étain miroitant des rivières, à Pollaiuolo et à Léonard de Vinci, qui grandit dans le pays du maïs, non loin d'Empoli, sur la route de Pise. Fra Angelico également, qui connaissait tous les visages de la félicité, nous offre des aperçus exquis, à une échelle de poupée, de l'ordre, de la géométrie parfaits qui présidaient à l'agriculture toscane ; l'univers de Fra Angelico, comme tout monastère digne de ce nom, n'est pas fait que de dévotion extasiée – il participe aussi du potager et d'une solide économie domestique. Botticelli, qui adorait le mouvement, était le maître des champs et des forêts évanescents, dans lesquels il introduisait des nymphes et des déesses, des vents et des brises, des Grâces – esprits païens, à demi allégoriques, qui représentaient la quintessence de l'inutilité délicieuse, car personne ne croyait plus en elles.

Les « Exilées », ainsi Pater appelait-il ces créatures d'un autre monde, avec, en permanence, leur air de débarquer, comme si on venait de les abandonner là, et un critique moderne parle de personnages séparés de l'espace réel, consignés dans le « jardin clos » de l'inspiration botticellienne. La villa toscane, à l'origine une ferme fortifiée, devenait – pour une brève période – un havre de délices, le lieu d'un exil volontaire, loin du fer et de la pierre de l'administration et de la Piazza della Signoria, particulièrement pour les membres les plus riches, les plus agressifs de la classe moyenne, les gros *popolani*, dont les propriétés des collines de Fiesole devaient passer, des siècles plus tard, aux mains d'autres réfugiés aisés, les étrangers. *Le Printemps* et *Vénus sortant des eaux* furent réalisés pour Lorenzo di Pierfrancesco de' Medici dans sa villa de Castello (les Médicis n'étaient pas des nobles, mais descendaient de pharmaciens, et leurs ennemis appelaient « pilules » les boules figurant sur leur blason).

L'utilisation pléthorique de l'or caractérise tous les peintres printaniers, comme si le florin avait été fondu en une matière ductile, s'enroulant autour des lourdes volutes, des arabesques de Botticelli, dans les coiffures de ses Madones et de ses déesses, ou tissée dans la délicate résille des jeunes filles de Fra Angelico. Ce sont les couleurs blondes qui dominent – rose, vert pâle, lavande, violet et carmin, des couleurs parfumées, pourrait-on dire, comme des essences fleuries. La palette de Fra Angelico, plus aiguë que la plupart des autres, et moins odorante, évoque parfois un champ de maïs parsemé de coquelicots et de bleuets, et parfois, comme dans les fresques qu'il réalisa pour les cellules de moines de San Marco, elle retourne, avec ses blancs et ses bruns, aux tonalités graves de Giotto. il y a peu de brunes dans le royaume printanier de la Madone, et la mâchoire lourde des anciennes peintures et sculptures toscanes, que l'on voit encore chez certaines Madones et certains anges de Giotto, disparaît là, comme une trace des origines paysannes. Les chairs sont roses et ivoire – d'une transparence merveilleuse. Chez les Madones de Bernardo Daddi, toujours vêtues des grandes robes noires du Trecento, par-dessus leurs vêtements roses, la pulsation d'un sang vif donne un aspect fruité au visage et au cou bien en chair ; leurs joues sont illuminées, chaudes, et leurs yeux limpides étincellent, humides, comme la tige coupée d'une jeune plante. De petits ronds carmin, trahissant l'ardeur, apparaissent aux joues des jeunes vierges de Fra Angelico, leur donnant l'allure de ces jeunes filles délurées et effrontées des années folles.

Après Fra Angelico et Gozzoli, le sang cesse sa course effrénée et, tandis que s'épanouit le Quattrocento, les Vierges blondes se font de plus en plus pâles, comme atteintes de consomption, et ce jusqu'aux jeunes Madones de Botticelli, au teint littéralement verdâtre, maladif. Leur tête, calice blême et trop lourd, penche sur la longue tige de leur cou. La

Madone à la grenade de la Galerie des Offices évoque une Perséphone pâlotte, qui aurait bien besoin d'une petite cure de printemps, après un hiver passé avec Hadès. Cette pâleur, ce teint malsain, cependant, appartenaient au printemps de la vie qui, à cette époque, était une période particulièrement dangereuse et sensible. « *Quant' è bella giovinezza, Che si fugge tuttavia...* » écrivait Laurent le Magnifique, et beaucoup de belles jeunes filles mouraient jeunes.

La jeunesse, l'amour, tels sont les thèmes de ces peintres, que ce soit l'amour céleste de Fra Angelico ou l'amour charnel de Fra Filippo Lippi, le moine scandaleux qui devait couronner ses nombreuses frasques en s'enfuyant avec une nonne, sensuelle Madone aux yeux noirs découverte dans un couvent de Prato. Tout au long du Quattrocento, le pilier central de l'Annonciation évoque presque un arbre de mai, autour duquel dansent des jeunes filles tenant les rubans, vêtues de brocarts constellés de fleurs. Les personnages de Botticelli, quel que soit le contexte, sacré ou profane, sont disposés par deux, selon un schéma de zigzag, un motif entrecroisé, comme s'ils effectuaient quelque danse paysanne. C'est Fra Filippo Lippi qui, le premier, peignit des envolées de fines draperies ondulant autour de corps nus et tentateurs, dans sa superbe fresque le *Banquet d'Hérode*, dans le chœur du Dôme de Prato, où l'on voit Salomé effectuer sa danse du voile, ingénue, humble presque, devant un gigantesque tétrarque accompagné de ses soldats menaçants, tandis que l'on apporte la tête de saint Jean-Baptiste sur un immense plateau étincelant, comme la *pièce de résistance** d'un ogre.

Dans *Le Printemps* de Botticelli, les trois Grâces

* En français dans le texte. *(N.d.T.)*

reproduisent la danse de Salomé dans une clairière; des voiles diaphanes, comme une brise caressante, frôlent leurs ventres nus et ronds, leurs tailles fines et leurs jambes minces. Mais là, en plein air, sur ce tapis de fleurs, tout n'est qu'innocence; l'ombre d'un forfait, la pression d'un lieu clos, où les passions sont prisonnières de l'espace, ne peuvent atteindre les trois Grâces, et les voiles qui les entourent, les moulent, transparents, sont de la même matière impalpable, immaculée que le sous-voile de la Madone. Ces linges immatériels, tombant parfois sur la joue lisse d'une Vierge, parfois ondulant sur un corps nu marqué de fossettes, devinrent quasiment la marque de fabrique de l'école florentine, à la fin du Quattrocento. On les retrouve souvent sur des bas-reliefs, surtout dans ceux d'Agostino di Duccio, le plus voluptueux des sculpteurs florentins, qui devait gâcher cet énorme bloc de marbre connu sous le nom de «Géant» et dont Michel-Ange, plus tard, devait tirer son *David.* Le meilleur de son art (dans lequel le marbre semble céder sous les assauts d'un vent violent) n'appartient pas à Florence, mais à Urbino et à Rimini, où les tyrans cultivés lui firent redécorer un palais et une chapelle privée.

C'est hors des trois remparts concentriques de la ville que l'on trouve, pour la plupart, les exemples les plus impudiques, les plus luxurieux de l'art florentin, bien que certains, tels *Le Printemps* et *Vénus sortant des eaux*, eussent été déplacés de leur lieu d'origine. Le chef-d'œuvre de Fra Filippo Lippi se trouve à Prato, la ville de la laine, prospère et relativement rude et matérialiste, où il naquit. Et l'on ne trouvera rien d'aussi riche à Florence que le *pergamo* des *putti* dansant réalisé en commun par Michel-Ange et Donatello pour le Dôme de Prato. Ce *pergamo* est une chaire couverte, érigée à un angle extérieur de la cathédrale rayée de noir et de blanc ; certains jours de fête, on y expose au peuple massé sur la Piazza une ceinture, qui serait celle de la Vierge. À l'intérieur du Dôme, une fresque, dans une chapelle peinte par Agnolo Gaddi, un des artistes gothiques du Trecento, raconte comment la ceinture arriva jusqu'à Prato : au moment de son Assomption, la Madone la jeta à saint Thomas qui, en compagnie des autres apôtres, la regardait disparaître dans les cieux. Celui-ci, quand son heure fut venue, la confia aux mains d'un vieux prêtre dont la fille, Maria, tomba amoureuse d'un habitant de Prato, Michele Dagomari, débarqué en Terre sainte avec les croisés, et demeuré là comme marchand. Après une traversée sans encombre, tous deux arrivèrent à Prato, la ceinture constituant la dot de la jeune fille, enfermée dans une petite manne de paille tressée. Le balcon de Michel-Ange et Donatello, destiné à la présentation de cette relique, est une fantaisie presque orientale ; le haut baldaquin couleur de muscade, comme sculpté dans un cuir souple, soutenu par une unique colonne centrale, évoque ainsi une sorte de gracieux parapluie déployé au-dessus de quelque shah ; au-dessous, s'allonge une frise de marbre représentant des enfants allègres qui, par contraste, semble illustrer une page tirée d'un épithalame classique. Cette œuvre, purement Renaissance, par l'ordre et par la profusion même de ses détails – pilastres, corniche, corbeaux, chapiteau de bronze –, s'harmonise de manière extraordinaire avec le Pisan roman, à demi oriental, de la façade et le flanc rayé de la cathédrale, ainsi qu'avec l'histoire fabuleuse de la ceinture, le négociant de Prato en Terre sainte et la fille du prêtre oriental. Les Florentins eux-mêmes, comme le note Burckhardt, étaient relativement indifférents aux reliques ; cela, sans doute, procédait moins du scepticisme que du refus de cette ostentation coûteuse qui entoure toujours le culte des ossements et des fragments d'objets. Cependant, en 1312, un habitant de Prato eut l'idée de voler la ceinture sacrée pour la vendre aux Florentins ; il fut exécuté, et l'on construisit un reliquaire pour la protéger.

C'est là une des rares légendes de l'Église qui tourne autour d'une histoire d'amour, d'une fugue d'amoureux en fait (car tous deux fuirent loin du vieux prêtre, qui désapprouvait l'idylle), et c'est peut-être la raison pour laquelle le culte de la ceinture sacrée est si populaire en Toscane. Les ballades toscanes, ou *stornelli* (les refrains ; ceux des collines de Pistoia seraient les plus prégnants), contrairement à d'autres chants populaires, ne font nulle référence à des thèmes épiques – guerres, invasions, généraux et gouverneurs. C'est là un fait révélateur, surtout si l'on considère le nombre de lieux, au fond du *contado*, dont le nom évoque des souvenirs de batailles (Montelungo, Altopascio, Campaldino, Gavinina, Montecatini Alto) ; un vin produit à Brolio, dernier bastion des Florentins contre les Siennois, porte le nom d'Arbia, en référence à la rivière qui, comme le rapporte Dante, se teinta de rouge lors de la terrible bataille de Montaperti, où un traître, dans leurs rangs, coupa les mains du porte-étendard florentin, et où dix mille soldats furent massacrés par les chevaliers allemands de Manfred, avec leurs alliés gibelins – *fuorusciti*, Siennois, hommes venus de Lucques et de Cortone. Il n'est guère de défilé, de colline, de cours d'eau qui n'évoque, tout au moins, un siège ou quelque trahison et, cependant, aucune de ces horreurs et de ces infamies n'est passée dans les ballades plaintives des paysans, comme les guerres de Louis XIV, par exemple, apparaissent dans *Auprès de ma blonde*, ou les croisades dans *Marlborough*. À moins qu'elles n'en eussent été expurgées, laissant encore moins de traces que les châteaux et fortifications des féodaux, détruits au cours des guerres de pacification. L'accent des *stornelli* est parfaitement personnel, solitaire, passionné. Un amoureux chante pour sa belle, qui lui répond de sa fenêtre. Ou il s'en va, et elle le regarde qui s'éloigne, languissante. Ces refrains sans affectation, qui traitent uniquement de la vie des pauvres, des sentiments amoureux dans leur simplicité – la rencontre, la séparation, le manque de l'autre –, n'ont rien de lourd, de médiocre. Ils sont purs et élégants, aussi dignes dans leur esprit que le baptistère de Florence.

Dans la cité, les préoccupations politiques n'excluaient nullement la passion amoureuse ; elles semblent, tout au contraire, l'avoir vivifiée, comme on peut le constater dans cette œuvre unique qu'est *La Divine Comédie*, où l'ardeur du poète pour sa Dame, pour le paradis de la cité idéale, se voit alimentée par l'indignation, la dureté, le chagrin, et dans laquelle l'élévation, le progrès, sont accompagnés par des malédictions et des insultes politiques adressées dans son dos à la ville telle qu'elle est, et à toutes ses voisines. La seule œuvre comparable à cet étrange fourre-tout d'amour, de théologie et de pamphlet politique est le *Guerre et Paix* de Tolstoï, comte paysan, passionné et puritain, qui aurait fait un Florentin de choix. *« Donne ch'avete intelleto d'amore »* – le Dante de la *Vita Nuova*, et Pétrarque dans ses sonnets à Laure, ces deux Florentins ardents, lancèrent, en matière de poésie amoureuse, une mode qui devait perdurer en Europe jusqu'au XVIe siècle. L'amour plus grossier, dans sa variété pléthorique, se retrouve chez Boccace qui, lui aussi, établit un modèle – celui des histoires légères, licencieuses, incluses dans un ensemble sophistiqué, presque comme des arias d'opéra, avec le contralto, la basse, la soprano, etc. Entre Dante et

Boccace, entre Fra Angelico et Fra Filippo, l'amour, comme une ligne à haute tension, se voit étiré jusqu'à ses limites extrêmes. Le goût florentin pour l'expérimentation ne pouvait ignorer aucun des visages de l'érotisme.

Ce peuple hypersensibilisé, dont les orateurs de la Piazza della Signoria et les sermons des prêtres entretenaient sans cesse la tension émotionnelle, était fortement sexué. Voilà la surprise que Florence nous réserve, derrière ses façades austères, et qui amorce l'explication du mystère florentin : leur instabilité politique, leur capacité de changement, leur alternance permanente entre rationalisme et superstition et, plus que tout, ces « valeurs tactiles » que Berenson découvrait dans la peinture florentine, et dont il faisait la base de son esthétique. L'art florentin se distingue par son extrême plasticité, et cela est également, de toute évidence, le trait dominant de son comportement politique, tout comme pour Athènes, plastique, élastique, malléable. Dans ces deux grandes cités, fragiles, vouées aux désastres, Éros était omniprésent ou, pour employer un langage contemporain, tout était érotisé, adoptant une forme qui parlait directement au corps.

Les éclats religieux de Florence eurent souvent un caractère orphique. Les hordes puritaines de Savonarole n'étaient pas nécessairement portées sur l'incendie et l'iconoclasme ; c'était parfois la joie qui les soulevait. Après un des sermons du Frate, la foule envahit les places, criant *« Viva Christo »* et entonnant des hymnes. Ils se donnaient la main et formaient une ronde, dansant, un citoyen alternant avec un moine. Un des hymnes favoris, en ces occasions, était l'œuvre d'un des compagnons les plus proches de Savonarole. On pourrait l'appeler « Fou de Jésus » :

Non fu mai'l più bel solazzo,
Più giocondo ne maggiore,
Che per zelo e per amore
Di Gesù, diventar pazzo.
Ognun' gridi com' io grido,
Sempre pazzo, pazzo, pazzo.

Cela est difficile à traduire, à cause d'un glissement du vocabulaire qui, au milieu, passe du langage de l'amour courtois (« Jamais il n'y eut plus grande consolation, / Plus heureuse ni plus allègre ») à celui d'une assemblée biblique (« Que celle de la ferveur et de l'amour / De Jésus, jusqu'à en être fou. / Que tout le monde crie avec moi, / Toujours fou, fou, fou »). Savonarole lui-même avait rencontré Dieu après un grand chagrin d'amour. Le grand prieur de San Marco n'était pas florentin, et par deux fois la ville devait le rejeter. Jeune étudiant en médecine, dans sa Ferrare natale, il tomba amoureux d'une fille Strozzi dont la famille, comme tant d'expatriés, vivait là sous la protection du duc Borso d'Este. Les Strozzi, par orgueil, interdirent ce mariage. On dit qu'il lui fallut deux ans pour se remettre de cette passion. Le second rejet fut plus douloureux encore. Florence, qui l'avait adoré, se montra soudain froide, sous la pression du pape Borgia, Alexandre VI. Les Franciscains de Santa Croce le défièrent de passer l'épreuve du feu. Il accepta tout d'abord, puis refusa. Cet atermoiement fit mauvaise impression. Plus de quatre cents ans auparavant, en 1068, un humble moine de Vallombrosa, San Pietro Igneo, encouragé par un autre grand réformateur, saint Jean Gualbert, avait traversé le feu sans se brûler, devant une foule immense, afin de prouver que ses ennemis étaient des simonistes. La Seigneurie, sur ordre du pape, s'empara de Savonarole et le tortura pour lui arracher une confession; certain jour, on le remit quatorze fois sur le chevalet. La consigne du pape était de «mettre Savonarole à mort, fût-il un nouveau saint Jean-Baptiste». Elle fut suivie à la lettre. On le pendit, en compagnie de deux de ses disciples, puis son corps fut brûlé sur la Piazza della Signoria, là où l'on avait déjà détruit par le feu les perruques, images profanes et livres impudiques du Bûcher des Vanités.

Savonarole était l'auteur de *canzoni*, pas nécessairement pieuses, destinées à être chantées sur les airs libertins du carnaval. Plus tôt, au XIVe siècle, le mouvement franciscain avait empli la cité de musique. Les frères mendiants chantaient dans les rues et sur les places, comme les ménestrels et jongleurs itinérants qui s'assemblaient à Pian do' Giullari, ou sur les hauteurs de Sant' Andrea, à la limite de la ville. L'église franciscaine de Santa Croce abritait une grande école de musique, qui enseignait également la rhétorique, l'escrime et la danse; on y apprenait la musique profane aussi bien que sacrée. De l'autre côté de la ville, les dominicains possédaient une école concurrente, à Santa Maria Novella, qui proposait le même cursus. C'est Guido, un moine florentin, qui avait introduit le mot de «note» *(nota)* dans la musique. Les chants d'amour des Toscans – *canzoni, ballate*, canons et villanelles –, dérivés de ceux des troubadours provençaux et des ménestrels de la cour souabienne de Frédéric II, en Sicile, se virent condamnés, comme *ars nuova*, par une bulle papale émise en 1322 par Jean XXII. Le compositeur d'*ars nuova* le plus prisé était un aveugle, le Florentin Francesco Landino, que les Vénitiens couronnèrent de laurier, quand il se rendit dans leur ville pour jouer de son petit orgue de Barbarie, avec ses huit tuyaux dorés. Laurent de Médicis, au moment du carnaval, parcourait les rues à la tête d'une horde de danseurs, chantant les ballades licencieuses qu'il avait écrites. Dès 1238, année prospère pour Florence, la famille Rossi donna un divertissement pour mille personnes, toutes vêtues de blanc, fête qui devait durer deux mois. Les jeunes Médicis, Julien et Laurent, offraient des joutes réputées sur la Piazza Santa Croce.

Selon Machiavel, la jeunesse florentine, à l'époque de Laurent, passait tout son temps à jouer et à courtiser les femmes, « leur but essentiel étant de faire étalage de vêtements splendides et d'un esprit suprêmement affûté ». Tel devait apparaître Francesco de' Pazzi, un *giovanotto* de quelque trente-deux ans, cependant, figure prépondérante de la conspiration des Pazzi, toujours célibataire, dandy vain et méprisant, jaloux, passionné. L'histoire de cette conspiration, ou plutôt de la conduite étrange de Francesco, donne un aperçu de cette sauvagerie ambiguë, presque érotique, qui fermentait sous un vernis de raffinement étudié. Le projet était d'assassiner les deux jeunes Médicis, Laurent et son frère, le séduisant Julien, au cours de la grand-messe du dimanche, au Dôme ; le signal, pour les tueurs, serait le moment ou le prêtre saisirait l'hostie. Afin de s'assurer que Julien, qui ne se sentait pas très bien, serait effectivement présent à l'office ce matin-là, Francesco de' Pazzi, accompagné d'un complice, était allé au palais Médicis pour le chercher, tout comme aujourd'hui, deux jeunes Florentins passeraient prendre un ami en se rendant au Dôme. Julien les accompagna volontiers et, jusqu'à Santa Maria del Fiore, afin d'endormir tout soupçon, les deux assassins le divertirent par un flot de blagues et d'anecdotes, Francesco le chahutant, le serrant sans cesse contre lui, pour s'assurer qu'il ne portait pas de cuirasse, sous ses vêtements. Ces marques d'amitié durent sans doute paraître quelque peu excessives, car on devait s'en souvenir par la suite. Puis, une fois au Dôme, tout alla de travers. Les Pazzi et leurs amis tuèrent bien

Julien, mais Laurent, seulement blessé, put atteindre l'Ancienne Sacristie, à la droite de l'autel, où il se barricada. Cependant, les Pazzi, quittant le Dôme, s'aperçurent que la ville s'était retournée contre eux. Ils s'égaillèrent, sauf Francesco, qui rentra simplement chez lui, où l'on devait le trouver gisant nu sur son lit, en sang, s'étant lui-même profondément blessé à la cuisse au cours de l'assassinat, frappant aveuglément, en proie à une extase meurtrière. Il fut emporté tel qu'il était, nu comme un ver, jusqu'au Palazzo Vecchio, où on le pendit. On n'avait pu lui arracher une seule syllabe, rapporte Machiavel, « mais, toisant chacun d'un regard qui ne cillait pas, il eut un soupir silencieux ». Les Pazzi, ajoute-t-il, étaient connus pour leur orgueil.

Le comportement de Lorenzino (« Brutus ») de' Medici envers Alexandre, cousin éloigné qu'il assassina, était tout aussi étrange. Il avait accompagné ce dernier dans toutes les débauches, tous les dévergondages imaginables. Ensemble, ils étaient allés au bordel, et avaient forcé la porte des couvents ; Lorenzino fournissait à Alexandre des femmes mariées et respectables. On les voyait souvent parcourir les rues de Florence, sur le même cheval. Les Florentins, en fait, les voyaient comme deux dégénérés – bons à mettre dans le même sac. Son forfait accompli, Lorenzino dut laisser un mot écrit en latin sur le cadavre du tyran, expliquant que son acte avait un motif politique. *« Vincit amor patriae »*, disait le billet, mais beaucoup, connaissant Lorenzino, ne furent pas convaincus. Le goût de la dissimulation avait pu l'emporter jusqu'à des extrêmes très étranges – la dissimulation comme l'un des beaux-arts, mensonge théâtral, flamboyant, et gratuit. Là encore, la plasticité florentine apparaît de manière évidente. Pour un peuple d'artistes, feindre est une aventure périlleuse ; l'acteur se perd ou, pis encore, se trouve dans le rôle qu'il joue.

La dissimulation, cependant, est un trait commun à la Renaissance, et pas particulièrement typique de Florence, où le caractère indigène était brutal, franc et direct : « *Cosa fatta, capo ho.* » « Chose faite, chose terminée » – c'est ainsi que Mosca de' Lamberti, que rencontre Dante dans le huitième cercle de l'Enfer, parmi les Semeurs de Discorde, commentait le meurtre du jeune Buondelmonte de' Buondelmonti, au pied de la statue de Mars. L'habileté *(astuzia)* était grandement prisée, mais celle-ci s'apparentait plus à la ruse du financier, ou à la roublardise du marchand, qu'à la finesse du diplomate. À une exception près (Laurent le Magnifique), les Florentins ne furent jamais très cloués pour la diplomatie.

Ce qui apparaît de manière évidente, dans ces deux anecdotes, c'est une profonde instabilité nerveuse. Judith et Holopherne était un des thèmes favoris des peintres florentins, mais le meurtre d'un tyran, dans les faits, suscitait des émotions mêlées. Dans cette société oligarchique où la démocratie, comme la peste, surgissait tous les cent ans environ, les changements d'attitude envers les hommes publics, tyrans ou bienfaiteurs, évoquent les soudaines sautes de vent au cours d'un incendie de forêt. L'image que donne Dante du corps politique florentin est celle d'un malade alité qui bouge sans cesse pour trouver sa position. La versatilité de l'opinion pouvait rendre fou un homme public un peu sensible. À l'époque de Cosme l'Ancien, un gonfalonier de justice se vit si cruellement ridiculisé par ses collègues, à cause d'une proposition de loi impopulaire, qu'il en perdit l'esprit, et dut démissionner. Les masses n'étaient pas les seules à changer ainsi de cap. L'individu également était sujet à des accès de passions, à de brusques plongées dans la barbarie, comme s'il constituait une foule à lui seul. Tout cela est lié au phénomène de la conversion, si commune à Florence qu'elle en évoque quelque pathologie locale, comme le goitre chez les montagnards. Les intellectuels, les artistes, étaient particulièrement touchés. Parmi les convertis de Savonarole, on compte Pic de la Mirandole, Fra Bartolomeo et Lorenzo di Credi, qui participèrent au Bûcher des Vanités et, selon la légende, Laurent le Magnifique en personne.

D'après certains auteurs, Botticelli se fit « Pleureur » (*« Piagnone »*, appelait-on, de manière méprisante, un adepte du *Frate*), mais, toutefois, pas avant que Savonarole n'eût été martyrisé. À la National Gallery de Londres, se trouve une des « toiles mystérieuses » de Botticelli, connue sous le nom d'*Adoration mystique*, et que l'on peut interpréter comme une allusion énigmatique au martyre et aux prophéties du moine. Les prophéties de Savonarole devaient d'ailleurs être « redécouvertes » au cours du siège de Florence ; outre sœur Domenica, le sage augure, la Seigneurie fit appel à divers prêtres pour décoder les sinistres déclarations du *Frate*. *« Gigli con gigli dover fiorire »* – ces paroles, dont on se souvenait soudain, devaient signifier qu'il fallait s'en tenir à l'alliance avec la France (les lys avec les lys), idée bien malheureuse, alors que la terrible puissance espagnole s'était déjà manifestée lors du pillage de Rome. La Seigneurie et le peuple se rappelaient également ce qu'il avait dit de Florence, qui perdrait tout, mais serait néanmoins sauvée. À la lumière de ces paroles, on considérait chaque catastrophe comme le présage d'une victoire de la fatalité – la perte d'Empoli, par exemple. Après avoir condamné le moine au bûcher, la République mit toute sa confiance en lui. On proclama Jésus-Christ roi des Florentins, et le peuple crut vraiment que la Ville sacrée, que le pape Boniface VII avait qualifiée de «cinquième élément», et le cardinal Pierre Damien de «nouvelle Bethléem», serait sauvée par une armée d'anges descendus du ciel.

Que Botticelli, comme Fra Bartolomeo et Lorenzo di Credi, se soit ou non fait *Piagnone* repenti, comme Ammannati plus tard, ses nus païens, et toute l'atmosphère de ses dernières œuvres, sont empreints d'une tension qui participe d'un revirement d'esprit. Une lutte intérieure, typiquement florentine, dut se dérouler dans l'âme de cet artiste qui était en tout cas, et de toute évidence, un homme de contradictions immenses : son atelier, d'où sortirent tant de Vierges languides et rêveuses, était le lieu célèbre de mauvaises plaisanteries et de chahuts – les *burle* et *buffe fiorentine.* Après *Le Printemps* et *Vénus sortant des eaux*, un réalisme sec, âpre et nerveux apparaît, raidissant ses silhouettes qui demeurent cependant, à première vue, souples et tendrement pensives et voluptueuses : les volutes dorées se font plus lourdes, les draperies s'appesantissent, comme dans une charade ennuyeuse. En 1480, il réalisa pour l'église d'Ognissanti une grande fresque, dans d'étranges tons de jaune et de gris, appelée *Saint Augustin dans son cabinet de travail*, laquelle trahit une sympathie ostensible pour le saint proto-calviniste. À l'époque de la petite toile appelée *La Calomnie*, datée de 1494 (Savonarole fut brûlé en 1498), la métamorphose a eu lieu. Dans cette composition néo-classique, une laideur froide, hostile, émane des personnages; un juge inique, assis sur son trône et coiffé d'un bonnet d'âne, se laisse conseiller par l'ignorance et la Suspicion, tandis que la Haine conduit la Calomnie, laquelle brandit la torche de la Vérité en flammes et traîne l'innocence, jeune homme à demi nu, par les cheveux. La Calomnie se fait aider par l'imposture et par l'Envie, deux roses tressées dans ses cheveux d'airain. Derrière apparaît le Remords, vieille commère vêtue de noir, et la Vérité Nue, avec de longues boucles blondes, dénouées qui, telle une statue, élève la main droite vers les Cieux, en un geste de foi. En arrière-plan, aux travers des arcades d'une lourde architecture classique, on distingue une mer d'un vert pâle rappelant, tout comme la Vérité, la *Vénus sortant des eaux*. Cette référence semble un rappel hostile de l'ancien Botticelli, le peintre arcadien ; *La Calomnie*, c'est une Arcadie devenue violente et paranoïaque.

Voilà, dans ses moindres détails, la peinture puritaine par excellence – glacée, déclamatoire, didactique, sans cette fantaisie septentrionale des *Tentations* de Bosch, par exemple, dans lesquelles, au moins, le diable est fertile. Botticelli était le peintre fétiche des Médicis, famille dans laquelle le puritanisme se mêlait, ou alternait, avec une sensualité animale, et la froideur avec la bienveillance. Cosme l'Ancien était froid, rusé, ascétique ; il savait attendre son heure, et cette qualité de félin réapparaît chez Cosme Ier et chez la jeune Catherine de Médicis, les artisans de la puissance familiale. En revanche, Jean, le fils de Cosme l'Ancien, était un sybarite qui vivait pour l'instant présent, et mourut d'indigestion. Laurent le Magnifique était « incroyablement soumis aux excès de la passion amoureuse », comme l'exprime Roscoe, son biographe du XVIIIe siècle ; il possédait une sexualité incontrôlable, comme un taureau perpétuellement en rut. Trois Médicis furent séduisants, physiquement : le beau Julien et son fils le pape Clément, et le cardinal Hippolyte, peint par Titien en habit hongrois. Laurent, avec ses cheveux noirs et raides, sa lèvre supérieure trop longue et mince, son nez en bec d'aigle et son teint basané, est un curieux spécimen, évoquant quelque chef sioux, même sur les portraits qui sont censés le flatter. Il possédait une très mauvaise vue, une voix stridente et désagréable, et aucun odorat ; comme tous les Médicis, il souffrait de la goutte. Ce fut pour son père, que l'on appelait Pierre le Goutteux, une infirmité, sa vie durant. Laurent, duc d'Urbino, le père de Catherine de Médicis, devait succomber à la syphilis.

La goutte, une lèvre supérieure haute et fine, narquoise, le talent des arts et des lettres, tels étaient les attributs familiaux. Laurent, Julien, Pierre le Fat et le cardinal Hippolyte écrivaient tous de la poésie. Hippolyte entreprit une traduction du second livre de *L'Énéide* qui devait être plusieurs fois rééditée. Le pape Léon X était un amateur de littérature, et un mécène. Laurent était plus qu'un dilettante. Ses poèmes d'amour révèlent un véritable poète, et ses bucoliques, déjà évoquées, possèdent une touche d'exquise fraîcheur, de pathos délicat, qui rappelle les œuvres de Properce et Tibulle. Son poème consacré à l'automne, par exemple, parle d'un oiseau en retard sur les migrations, caché dans les cyprès de quelque colline ensoleillée où les oliviers se montrent noirs ou verts dans le vent ; il poursuit en décrivant, avec cette tendresse typiquement florentine, qui sourit un peu de ce qu'elle observe, un couple d'oiseaux migrateurs en route vers le Sud, avec leur famille épuisée – les parents désignent des Néréides, des Tritons et autres monstres marins, en dessous, pour distraire les enfants durant le long voyage jusqu'en Afrique. La famille demeure l'unité de base pour les Florentins, eux-mêmes membres d'une grande famille comprenant nombre de parents pauvres, cantonnés dans des quartiers modestes. Le fils de Laurent, Pierre, ignominieusement chassé de la ville, rédigea un poème à Florence, patriotique et très touchant, dans lequel il se compare, exilé nostalgique, à un oiseau soumis au flux migratoire instinctif. Ce fut là l'unique réalisation du malheureux Pierre ; son absence de don politique est parfaitement symbolisée par cette commande qu'il fit à Michel-Ange d'un bonhomme de neige, au cours d'une des rares chutes de neige que connut Florence. La fonte du bonhomme, note Roscoe, aurait pu illustrer la dissolution du pouvoir des Médicis.

Mais chez Cosme Ier, qui devait restaurer la dynastie dans sa branche cadette, après la chute de la République et le meurtre d'Alexandre, se retrouvaient la froideur, l'habileté féline de la tribu. Son père, Jean des Bandes Noires, si l'on en juge par la vilaine statue que Bandinelli fit de lui, devant San Lorenzo, ressemblait à un chat sauvage, ou à un lion des montagnes. Cosme hérita de son physique, mais pas de sa bravoure ni de son ardeur téméraire. Matou domestique, cruel tueur de souris (voulant empoisonner Piero Strozzi, il fit essayer les poisons sur les prisonniers du Bargello, et fit tuer Lorenzino par ses agents de Florence, avec un poignard empoisonné), c'était un percepteur impitoyable, et un puritain féroce. Sous son règne sinistre, des lois terribles furent édictées contre la sodomie et la bestialité ; il tenait absolument à ce que la cour soit chaste, érigeant en exemple sa fidélité irréprochable envers son épouse, Éléonore de Tolède. N'ayant aucune confiance dans les Florentins, il s'appuya sur les compagnons espagnols de celle-ci – son oncle, frère du vice-roi de Naples, et divers hommes d'Église – pour gérer les à-côtés discrets de l'administration. L'historien Segni (nullement partisan des Médicis) disait de lui : « Il faut dire de ce prince, quoique d'une foi très ardente, et très modéré dans les plaisirs de Vénus, qu'il était en vérité plus modéré encore quand il s'agissait de donner audience, et de se montrer aimable et humain envers les Florentins. »

Il dépensait des sommes sans précédent, continue Segni, pour ses «colonels, espions, Espagnols, et femmes au service de Madame». Et il ne cessa d'augmenter le nombre de gardes qui lui étaient attachés, et de mouchards attachés aux autres.

C'est cet homme chaste et prudent, cependant, qui devait réunir une collection de statues suggestives de Cellini et Bandinelli, aujourd'hui présentées au troisième étage du Bargello : une *Léda*, deux *Ganymède*, un *Narcisse*, et un *Hyacinthe*. Et Vasari, le peintre de cour, aurait été témoin d'une scène effrayante dans une salle du Palazzo Vecchio, que le grand-duc lui avait demandé de peindre à fresque. Par un jour d'été étouffant, alors qu'il était sur un échafaudage, occupé à réaliser le plafond, Vasari vit entrer la fille de Cosme, Isabelle, qui s'allongea sur le lit et s'endormit. Tandis qu'elle sommeillait, Cosme entra à son tour et, quelques instants plus tard, Vasari entendit un cri horrible, provenant du lit. Après quoi, il «ne regarda plus», comme il le dit, mais dut demeurer dissimulé sur son échafaudage, «sans plus avoir envie de peindre, ce jour-là».

Cette anecdote, rapportée par un mémorialiste plus tardif, est peut-être une invention, mais, dans sa concision, elle sonne vrai. La chaleur de Florence, l'atmosphère oppressante du Palazzo Vecchio, avec ses étages étouffants et ses kilomètres de fresques ennuyeuses, le cri qui perce la torpeur de l'après-déjeuner, ont quelque chose de parfaitement convaincant, surtout pour qui connaît les étés florentins, et la dernière phrase fait écho, à la manière morbide du Cinquecento, à cette superbe phrase de Dante, évoquant le péché de chair de Paolo et Francesca : *« Quel giorno più non vi leggemo avente »* (« Ce jour-là, nous ne lûmes plus ») –, dans le *Livre de Lancelot*.

On peut aujourd'hui marcher sur les pas du grand-duc Cosme, et suivre le passage qu'il s'était fait aménager, par Vasari peut-être, depuis les salles et les couloirs étouffants de la Galerie des Offices jusqu'au palais Pitti (acheté et agrandi pour sa femme, qui détestait le vieux palais), traversant la partie supérieure du Ponte Vecchio, passant au-dessus de l'église de Santa Felicita et les toits de la Via Guicciardini. Cette version aérienne du souterrain (qui lui permettait de se rendre de ses bureaux de la Galerie des Offices jusqu'au Palazzo Pitti sans avoir à mettre un pied dans la rue) présente une image claustrale de l'homme, et de son règne – espions, Espagnols, discrétion, ce sont les foulées d'un chat. Et c'est en fait ce qu'évoque cette passerelle, le trajet d'un chat de gouttière, somptueusement recouvert.

Les lois qu'édicta Cosme contre la sodomie et la bestialité, et que viole si curieusement, du moins en esprit, sa collection de sculptures, étaient destinées à corriger des mœurs contre lesquelles Savonarole avait tonné. Homosexualité et bisexualité ont toujours été choses courantes à Florence. Tout comme la goutte, elles semblent avoir couru dans le sang des Médicis ; l'effémination des derniers Médicis, en fait, leur dégoût invincible des femmes, causa l'extinction de la lignée ; les héritiers se firent de plus en plus rares, de plus en plus débiles, jusqu'au gros Gian Gastone, qui put n'en produire aucun. En France, ce trait se manifeste chez Henri III, fils de Catherine, qui apparut à la fête de Chenonceaux, pour son accession au trône, habillé en femme. Le *locus classicus*, cependant, devait demeurer la table de Laurent le Magnifique, à laquelle le jeune Michel-Ange rencontra Politien, et où l'atmosphère était connue pour être plutôt « grecque » ; l'amour des garçons devait être, au Palazzo Medici, chose aussi évidente que dans le « Symposium » de jadis.

On retrouve partout ce penchant, au cours de la

Renaissance, mais il était profondément enraciné, à Florence, et loin d'être considéré comme «contre-nature». Au Moyen Âge, les ermites du Casentino luttaient à coups de flagellation et de psaumes contre les «esprits impurs» qui les tentaient, sous la forme de jeunes garçons. Saint Romuald, fondateur de l'ordre des Camaldolese, avec leur robe blanche, dut, âgé, faire pénitence pour péché de sodomie à Styria, non loin de Fonte Avellana et, à la génération suivante, saint Jean Gualbert se battit contre la même tentation, dans la forêt vallombrosienne. Ces deux virils réformateurs, baptistes des forêts et des torrents de montagne, étaient les héros épiques locaux. En fait, saint Romuald venait de la Romagne, mais décida de s'isoler dans les épaisses et sombres forêts de hêtres des Appenins toscans. L'ermitage et le superbe monastère de Camaldolese, autrefois siège de l'Académie inaugurée par Laurent le Magnifique, Leon-Battista Alberti et Cristoforo Landino, pour s'y livrer à des débats platoniciens, demeurent des lieux de pèlerinage et, non loin de l'ermitage, se trouve une chapelle recelant un bloc de pierre sur lequel est imprimée, dit-on, la trace du saint – le diable l'avait violemment poussé pour le jeter dans un ravin, mais le vigoureux Romuald était parvenu à s'accrocher à un rocher.

«Michelangelo non avrebbe potuto peccare di più col cesello», faisait remarquer un Florentin, pensif, contemplant les courbes douces et blanches du *Bacchus*, au Bargello. «Michel-Ange n'aurait pu pécher davantage, avec son ciseau.» Dans toute société virile, les jeunes garçons deviennent objet de désir, et les Florentins passionnés et intellectuels y étaient presque aussi sensibles que les Athéniens. On retrouve ce «péché» non seulement chez Michel-Ange et Léonard de Vinci, les deux maîtres les plus connus à cet égard, mais également chez Donatello

et Verrochio, pour ne pas parler de Pontormo et des maniéristes. Nul scandale ne s'attache à la vie de Donatello (quoiqu'un esprit freudien puisse trouver louche qu'il ait vécu avec sa mère), et son intrépide *Saint Georges* est l'épitomé de la virilité. Son *David*, en revanche, vêtu d'une simple paire de hautes bottes cirées et d'un bonnet féminin, est un rêve de fétichiste et de travesti, d'une superbe ambiguïté. Cette statue effrontée, de fait, est plus désirable que toute œuvre de Michel-Ange ou de Vinci, car il ne s'agit pas là d'un androgyne replet, à la chair molle, mais d'un garçon provocant, qui joue la coquette. On retrouve un peu de cette même allure dans le *David* de bronze de Verrochio, avec son sourire ambigu de Joconde.

Dans la peinture du Quattrocento florentin, la jambe et la fesse masculines, robustes et moulées dans les collants de l'époque, sont toujours complaisamment représentées; on la voit sous tous les angles, cette jambe, de profil, de trois quarts, de face et, le plus fréquemment peut-être, de dos, ou légèrement de trois quarts arrière, de manière à mettre en valeur la beauté du mollet. Debout, immobiles et désœuvrées, ou traversant à grands pas une *piazza*, ces jambes élastiques de jeune homme comptent parmi les clefs de voûte de la peinture florentine, de Masolino à Botticelli; elles appartiennent presque toujours à des badauds, qui discutent dans la rue tandis que se déroule une scène sacrée, ou à des passants qui arrivent par hasard sur les lieux d'un miracle et s'éloignent d'un pas pressé, sans avoir rien vu. Toute la vitalité de la vie terrestre est contenue, implicite, dans ces jambes élastiques, allègres; Mercure, dieu des voyages et des affaires, en possède de semblables, nues, merveilleusement dessinées, clans *Le Printemps*. On a souvent évoqué la beauté des mains, dans la peinture florentine; ces mains ravissantes sont le plus souvent féminines. Les jambes représentent le principe d'action, attribut dynamique, viril.

Le garçon à la mode fut glorifié, à Florence, comme nulle part ailleurs au monde, et pour le Florentin moyen, le citoyen ordinaire, le désir pouvait aussi bien s'incarner dans un jeune homme séduisant que dans une jeune femme. Un homme d'affaires auprès duquel Michel-Ange se plaignait d'un jeune serviteur qu'il lui avait adressé répondit qu'à sa place, il l'aurait au moins mis dans son lit, étant joli garçon, puisqu'il n'était bon à rien d'autre. Cet homme faisait simplement preuve de sens pratique. Dans la même veine de bon sens, Segni rapporte cette histoire arrivée à Filippo Strozzi, le financier hostile des Médicis, que la République avait envoyé à Pise pour veiller sur les deux jeunes bâtards Médicis, Hippolyte et Alexandre, prisonniers ou otages entre les mains de la Seigneurie. Au lieu de remplir son devoir, Filippo Strozzi partit seul avec Hippolyte pour une forteresse non loin de Livourne, et avant qu'il soit longtemps, les deux garçons avaient filé. Il fut blâmé, ajoute Segni, pour avoir montré une indulgence excessive envers Hippolyte, « à cause d'un amour licencieux envers celui-ci, prétendent certains, car il était séduisant et dans la fleur de sa jeunesse ». Mais le blâme ne fut pas sévère, car cette faiblesse était considérée comme naturelle. Plus tard, battu par Cosme Ier et emprisonné dans la Forteresse de Basso (qu'il avait dû faire construire à ses frais), le banquier devait faire preuve d'un grand courage sous la torture ; il se suicida, se remémorant l'exemple de Caton.

Bien différent était Politien, homme aigre et jaloux, précepteur des enfants de Laurent et humaniste de la Maison des Médicis, qui mourut, selon ses ennemis, d'un accès de fièvre amoureuse, tandis qu'il jouait sur son luth une chanson d'amour adressée à l'un de ses élèves. Les humanistes de cette époque, cela dit, que ce soit à Florence ou ailleurs, constituaient une catégorie de gens à part, dont les aspect déplaisants étaient sans aucun doute dus au rôle de parasite qu'ils jouaient au sein des grandes familles, et au fait, également, qu'ils devaient sans cesse se défendre contre les attaques du clergé. Médisance et querelle, telles étaient leurs occupations principales ; nombre d'entre eux, la plupart en fait, étaient des individus veules, et tous étaient accusés de l'être. Politien, extrêmement jaloux de la femme de Laurent, Clarice Orsini, se plaignait continuellement d'elle dans ses lettres à ce dernier, prétendant qu'elle s'interposait entre lui et ses élèves ; il finit par prendre la mouche, et quitta la maison. Il y a chez les humanistes de cette génération, doués, jaloux, facilement froissés, quelque chose de nos décorateurs d'intérieur contemporains ; le goût était leur domaine réservé, et ils avaient tendance à fondre toute la civilisation italienne, du haut en bas, dans un moule uniformément classique. Politien était un véritable érudit et un poète occasionnel, mais les éternels *« hic est »*, *« ut visum est »* et *« tandem »* de sa correspondance apparaissent comme ridicules, et la stérilité de ses prises de position est évidente dans l'extase que suscite chez lui un prêtre populaire ; il se voit emporté par la « grâce artistique » de ses gestes, la « musique de sa voix », l'« élégance de sa diction », etc. Il rédigea un poème, en italien, sur le tournoi de Julien à Santa Croce, et un commentaire en latin sur la conspiration des Pazzi.

La jeunesse, la beauté de Florence, se virent mieux servies par Benozzo Gozzoli, artisan peintre de San Giminiano, homme du commun, d'un naturel plutôt fainéant quand on ne l'aiguillonnait pas, qui avait étudié avec Fra Angelico, et réalisé certaines de ses œuvres les plus vivantes pour la chapelle du Palazzo Medici. La représentation de parades était chose très rare à Florence, et cette série de fresques de Benozzo est une des seules représentations d'un spectacle historique. Intitulée *Le Voyage des Rois mages à Bethléem*, elle a pour sujet la visite de l'empereur Jean Paléologue VII, en 1439, à l'occasion du Concile de Florence, dernière tentative pour résoudre le schisme entre les Églises d'Orient et d'Occident. Benozzo a transformé ce sommet Est-Ouest en une sorte de charmant papier peint, avec en arrière-plan ses célèbres cyprès, palmiers et pins parasols. Descendant des Appenins par une route en lacets, juché sur des chevaux et des mules, le cortège est parvenu à une agréable plaine, où les hauts troncs d'un gris de pierre, coiffés de plumes ou d'aigrettes, se dressent comme des lances ou des mâts de drapeau pour saluer l'arrivée des potentats ; parallèlement, les Médicis sont venus les accueillir, à cheval, accompagnés d'un immense cortège de notables.

Le peintre y a inclus tout le monde, tous ceux qui étaient, ou auraient pu, dans son imagination, être présents en cette grande occasion – pages, serviteurs, animaux, mais aussi des gens qui n'étaient pas encore nés, ou déjà morts. L'Empereur, dans un surcot sombre rehaussé d'or, chevauchant un superbe cheval blanc caparaçonné, est un prince séduisant, au front ombrageux, avec une barbe et une couronne semblable à un turban ; il offre une notable ressemblance physique avec le Roi des Rois, tel que les Italiens le représentaient, ce qui évoque, certainement de manière fortuite, une scène tout autre, et plus « populaire » : l'entrée de Jésus à Jérusalem, le dimanche des Rameaux, juché sur un âne. À l'écart de son train, immobile, de trois quarts, il jette une note de solennité dans l'élégante parade. Le patriarche de Constantinople, qui mourut à Florence durant le Concile et fut inhumé à Santa Maria Novella, n'apparaît pas de manière aussi frappante – mais presque comme un personnage de second plan, avec une barbe blanche et ondulée et une couronne d'or à pointes, comme quelque ancien nécromancien.

Parmi les Italiens, on compte Pierre le Goutteux, avec sa bague de diamants et la devise *« Semper »* inscrite sur les parements de son cheval ; les trois filles Médicis habillées en pages, avec des plumes plantées dans leur béret, juchées sur de fringantes montures ; Laurent, blond, séduisant, féminin dans le costume qu'il portait pour la joute de 1459 ; le *« bel Giuliano »* avec un léopard ; Giangaleazo Sforza, de Milan, avec une étoile sertie dans le front de son cheval ; Sigismond Malatesta, le tyran de Rimini ; Gozzoli en personne, coiffé d'un bonnet sur lequel il a peint *« opus Benotii »* ; et son professeur, Angelico le Bienheureux. Sont aussi présents, censément, Pic de la Mirandole, Politien, des membres de la famille Tornabuoni, Niccolò da Uzzano, Filippo Strozzi, qui commença le palais du même nom, et Castruccio Castracane (mort en 1328). Des oiseaux traversent la scène, parmi lesquels un magnifique faisan au long cou ; on aperçoit des canards sur une rivière. Et la procession comprend un grand nombre de chiens, deux léopards, et un singe. Au loin, un lévrier chasse un cerf dans les rochers. En suivant la fresque, on voit apparaître des anges adorateurs avec des ailes en plumes de paon, au sein du « Paradis », qui n'est qu'un morceau de campagne toscane, cyprès fins comme une aiguille, palmiers semblables à des plumeaux à poussière, un village, et des montagnes au loin, qui pourraient être le Monte Morcello et le Monte Ceceri.

Omniprésentes dans ce déploiement d'élégance,

les jambes fortes, musclées, magnifiques des jeunes Florentins habillés en pages et tenant des lances ; ces jeunes gens aux joues roses, garçons et filles, arborent des boucles dorées et bien coiffées, encore humides dirait-on, comme si tous sortaient à l'instant de chez le coiffeur. Et la foule d'hommes entre deux âges, vêtus de capes rouges, qui s'alignent derrière les célébrités, ont tous cet air extraordinairement bien *rasé* particulier aux Florentins, également. Ces visages aigus, intenses, matérialistes, virils, qu'ils soient épais et lourds de mâchoire, ou minces et affûtés, fleurant encore l'échoppe du barbier, apparaissent sans cesse en groupes denses, serrés, lors des miracles et des événements religieux, et leur réalisme affiché soudain au sein du sacré ou, comme ici, au milieu d'une parade de conte de fées, produit un curieux effet. Chez Masolino, Masaccio, Piero della Francesca, Ghirlandaio, Gozzoli, Filippino Lippi, on voit resurgir ces mêmes visages grisâtres, comme une anaphore sans cesse répétée. Ce sont des citoyens, qui semblent avoir réussi à se glisser dans le tableau et tendent le cou pour qu'on les voie bien, comme sur une photo contemporaine, où l'on voit un chef d'État ou une star de cinéma au milieu de la foule. De toute évidence, ils voulaient faire partie de l'Histoire, ces Florentins qui se pressent, et ils y sont parvenus, en somme, car en n'étant plus, pour la plupart, identifiables, ils représentent la partie anonyme, quotidienne, banale de celle-ci – cette face de l'histoire qui demeure toujours la même. Et, en vérité, ce sont ces visages-là, littéralement, qui ont survécu. Les séduisants jeunes gens, les Grâces dansant, la Madone ont quitté le monde réel. Dans les rues de la Florence moderne, vous ne verrez jamais un Donatello en chair et en os – un saint Georges ou un David – mais, partout, des Gozzoli et des Ghirlandaio entre deux âges.

Ces citoyens, qui apparaissent en marge de la peinture du Quattrocento, venaient parfois avec leurs épouses – créatures au visage pincé, au nez acéré, vêtues de sévères robes noires et de coiffes blanches, telles qu'on les voit dans les fresques de Gozzoli et de Ghirlandaio. L'arrivée de ces femmes, spectatrices caustiques, indique que la peinture, à Florence, est entrée dans l'étude de genre, qui dorénavant sera l'alternative à la magie ou à la sorcellerie. Avec Fra Filippo, Gozzoli, et Ghirlandaio, les lits, marmites et casseroles, pichets et cuvettes, chaises, tables, plateaux, commencent d'envahir pêle-mêle l'histoire sacrée, comme abandonnés là par une entreprise de déménagement en faillite. Chez Ghirlandaio, l'Avènement devient un accouchement mondain, avec femmes de chambre et visite de dames amies. La peinture de genre était certes implicite à Florence, depuis Giotto, qui aimait représenter des personnages dormant dans leur lit, avec leurs effets soigneusement pliés près d'eux, mais ce déluge d'articles de ménage dans un intérieur précisément décrit, léché, n'apparaît vraiment qu'avec les peintres de la jeunesse, de l'amour, du printemps et des distractions somptueuses régis, logique nécessaire, par les aiguilles de l'horloge. *« Quant è bella giovinezza, Che si fugge tuttavia. »* Les marmites et casseroles, les pichets et cuvettes sont le *sequitur* de la danse et de l'amour.

CHAPITRE VII

En 1786, Goethe, alors âgé de trente-sept ans, réalisa son souhait de visiter l'Italie. À Florence, après « avoir survolé rapidement la ville, la cathédrale, le baptistère et le jardin Boboli », il résumait ainsi ses impressions : « Nous voyons dans cette ville la prospérité des générations qui l'ont bâtie ; la conviction s'impose à nous qu'ils ont dû bénéficier d'une longue lignée de dirigeants avisés. » En entendant cette affirmation allemande et péremptoire, les anges durent se boucher les oreilles. Cependant, la perception du poète, à défaut de sa déduction, était juste. Quiconque vient à Florence sans rien connaître de son histoire en tirera la même conclusion. Seul le climat excessif y trahit sa vérité intérieure ; dans ses « bons jours », au printemps, et tout au long de l'automne, elle apparaît comme l'archétype de la ville parfaitement gouvernée, comme une image architecturale de la justice, de l'équité, de la juste proportion, de l'ordre et de l'harmonie. Un des devoirs primordiaux du héros antique, tel Thésée, était de se faire bâtisseur d'une cité, et Florence donne cette impression d'avoir été construite par un héros et dirigeant antique, comme foyer de vertu et de paix civile. Vue à distance, comme par un oiseau, la cité, bien alignée comme pour l'inspection, en rangées parallèles, de chaque côté de son fleuve vert, irradie une impression de « bonne gestion », avec ses horizontales et verticales bien ordonnées, l'occupation judicieuse des collines et vallées environnantes, soulignées de cyprès sombres, ponctuées de villas jaunes, tandis que la peinture florentine, avec son utilisation raisonnable de l'espace, fait de chaque chef-d'œuvre un petit *polis*. Sur le Campanile, Goethe a dû remarquer les petits bas-reliefs d'Andrea da Pontedra, et d'autres, représentant l'Agriculture, la Métallurgie, le Tissage, la Loi, la Mécanique, etc. – représentation gravée d'une économie politique exemplaire. Chaque élément de Florence, du plus grand au plus infime, témoigne de l'immanence d'une loi.

Le grand-duc Cosme Ier, qui n'était guère un homme sensible, fondit en larmes en voyant sa belle cité recouverte de boue, après l'épouvantable crue de 1557, l'une des pires, qui avait emporté le vieux pont de Santa Trinità, et immergé certains quartiers de la ville sous deux mètres cinquante d'eau. En amont, dans la vallée du Mugello, la Sieve, grossissant soudain, avait débordé dans l'Arno, mal endigué par les ingénieurs de Cosme ; les gens qui passaient sur le pont de Santa Trinità, pris par surprise, se noyèrent tous, à part deux enfants qui demeurèrent sur un pilier, au milieu du fleuve déchaîné, et que l'on nourrit, pendant deux jours, grâce à une corde lancée du toit du Palazzo Strozzi, à laquelle étaient suspendus du pain et du vin. Les deux enfants naufragés, dont la subsistance tombe du ciel, comme dans un miracle, et le tyran en larmes, offrent une image émouvante de Florence, comme quelque anecdote illustrée par une fresque ancienne – une image plus empreinte de la piété locale que les *Victoires* flatteuses que Cosme devait commander à Vasari pour le Salone dei Cinquecento, la grande salle du Palazzo Vecchio où, à la grande époque de

Savonarole, le Conseil général du peuple se réunissait. Le chagrin du tyran face au spectacle que laissaient les eaux en se retirant s'accorde bien à la mise en place immédiate d'un système de secours ingénieux, qui, à son tour, évoque une autre image, classique et émouvante, de Florence : le Spedale degli Innocenti, première œuvre architecturale de la Renaissance, cet asile délicat conçu par Brunelleschi pour les enfants trouvés de la ville, avec ses dix médaillons de terre cuite d'Andrea della Robbia, montrant des bébés dans leurs langes, chacun dans une position différente, alignés comme dans une pouponnière au-dessus de l'élégant portique jaune pâle.

Ce que le poète allemand vit, au cours de son rapide survol de la ville, c'est la République massive, avec ses bâtiments publics, ses places, ses églises et sa statuaire – c'est-à-dire une république idéale faite de *pietra dura*, de *pietra forte*, en reliefs bruts et en marbres géométriques. Cette République-là ne devait jamais exister en tant que réalité politique, mais comme nostalgie poignante d'un bon gouvernement, omniprésente, dans les poèmes et les mémoires, l'architecture, la peinture et la sculpture. Cette image en arrière-plan d'une ville rose, avec ses tours, dans les premières fresques florentines (ce devait bientôt devenir une ville de la Renaissance, à l'architecture classique) est similaire aux visions de Dante et de Machiavel, visions d'une cité idéale que baigne la lumière pure de la raison, même si Dante et Machiavel, par désespoir, évoquaient l'arrivée d'un Rédempteur venu d'en haut (un empereur ou un prince) comme le Messie, pour sauver la ville réelle, tout comme Savonarole tournait son regard vers Jésus et prêchait pour une constitution copiée sur celle de Venise, et les pauvres Florentins attendaient le salut des anges. Ce que Goethe prenait pour la preuve d'une gestion sage, c'était une utilisation intelligente de l'espace – seule question que les Florentins purent jamais maîtriser, mais que transmettraient aux générations futures, comme une *Magna Carta*, les grands bâtisseurs de la République. En 1786, les Florentins avaient derrière eux deux siècles et demi de mauvaise administration caractérisée, sous les grands-ducs, et la cité que devait visiter Goethe était, dans sa majeure partie, l'œuvre de ces derniers, mais le pont de la Trinità, la Galerie des Offices, les agrandissements du palais Pitti, le fort du Belvédère, les palais massifs et austères de la Via Maggio, de la Via de' Ginori, du Borgo degli Albizzi, avec leurs avant-toits ombrageux – tous réalisés sous Cosme Ier et ses lamentables successeurs – s'accrochent à l'« ancienne » manière de construire, à la tradition républicaine de lucidité, d'ordre et de clarté. Cosme pouvait ériger une colonne provenant des thermes de Caracalla (cadeau d'un pape) à sa propre gloire militaire, sur la Piazza Santa Trinità, la personnalité de la ville était plus forte que lui ; Florence refusait de ressembler à la capitale d'un grand-duché.

« Les historiens de Florence », écrivait Roscoe, le très intelligent avocat de Liverpool, contemporain de Goethe et biographe de Laurent de Médicis, « comme s'ils ne souhaitaient pas prolonger au-delà les témoignages de leur sujétion, ont presque systématiquement clos leur ouvrage sur la chute de la République. » Ce principe demeure en vigueur, même chez les historiens étrangers ; feu Ferdinand Schevill, de l'Université de Chicago, termine son histoire de Florence avec la chute de la République. Il existe quelques études spécialisées, fort intéressantes, comme *Les Derniers Médicis*, de Harold Acton, sur la période grand-ducale, et quelques ouvrages éparpillés sur celle du Risorgimento et la présence des étrangers à Florence. Mais l'histoire de Florence en soi, par une sorte d'accord tacite et général, prend fin avec l'extinction de sa vie civique ; après quoi l'histoire n'existe plus – uniquement des anecdotes de chroniqueurs.

Les Florentins parlent toujours du Siège, avec un « S » majuscule. Les seules ruines de Florence sont celles, soigneusement entretenues, du mur construit en 1300-1325, c'est-à-dire le « troisième cercle », les fortifications les plus extérieures, où passent à présent des boulevards, et les vestiges de celles que Michel-Ange fit ériger au long de la colline de San Miniato à l'époque du Siège, que Charles de Tolnay compare, à l'origine, à des crustacés, avec de longues pinces, des mandibules et des antennes destinées à empêcher l'ennemi d'atteindre les murs de la cité. *« Il nemico »* – les Siennois, les Pisans, les Milanais – deviendrait, au cours d'un siège de onze mois, les Espagnols, de manière définitive.

Florence, nous le savons, ne se prête guère au jeu des rêveries romantiques, mais si, par une nuit d'été, on laisse son regard planer au-delà de l'Arno, depuis une terrasse du Lungarno Acciaiuoli, ou du Lungarno Vespucci, on imagine fort bien les troupes de Charles Quint massées dans l'ombre, de l'autre côté du fleuve. *« Sono le truppe di Carlo Quinto. »* Nous sommes en août 1530 ; Francesco Ferrucci, le grand connétable de la République, vient d'être fait prisonnier puis tué à Gavinina, dans les fatales collines de Pistoia, au cours d'une ultime et remarquable action contre un ennemi infiniment supérieur – « Vous tuez un homme mort », murmura-t-il en tombant, déjà couvert de blessures, sous le poignard perfide du commandant ennemi. Dans la ville, les moyens de subsistance sont taris. Les objets de valeur ont été arrachés aux couvents et aux églises, pour payer les fortifications, on a pris leurs bagues aux dames ; portes et fenêtres ont disparu, transformées en bois de chauffage durant l'hiver. On a mangé les choux et autres légumes plantés sur le toit des maisons. Il ne reste que trois jours de nourriture dans la ville. L'horrible sac de Prato, œuvre de l'Espagnol Cardonia et de Jean de Médicis (futur pape Léon X), est encore frais dans la mémoire toscane, pour ne pas parler de celui de Rome, par les troupes luthériennes de l'empereur catholique. Malatesta Baglioni, le mercenaire de Pérouse, qui est à la tête de la garnison, a passé un accord secret avec les Espagnols, et a soudain retourné son artillerie contre la ville, depuis la Porta Romana. Le rêve d'une dernière résistance désespérée, en incendiant les maisons, en tuant femmes et enfants, pour périr en un holocauste général, de sorte que « rien ne demeurerait de la cité que le souvenir de sa grandeur d'âme, comme un exemple immortel pour ceux qui, nés libres, veulent vivre libres », ce rêve même a dû être abandonné. Demain, la ville se rendra.

Ce n'était pas la première fois que la République se voyait mise en péril, assiégée par une puissance étrangère. Une génération auparavant, le roi de France avait pénétré dans la cité, avant d'en être chassé, effrayé par Piero Capponi. Après le sac de Prato, en 1512, le gonfalonier élu à vie, Pier Soderini, s'était également enfui, terrorisé, et les Médicis avaient pris la place, profitant de la crainte qu'inspiraient leurs alliés espagnols. Longtemps auparavant, en juillet 1082, Florence, seule ville d'Italie à demeurer fidèle au pape, avait été assiégée par l'empereur Henri IV, se battant contre Mathilde de Toscane qui défendait le souverain pontife, et n'avait dû son salut qu'à la chaleur torride qui régnait, et devait contraindre l'Empereur à lever le siège au bout de dix jours. En 1312, un autre empereur, Henri VII, s'était installé avec ses troupes non loin du monastère de San Salvi, à l'est des fortifications, avant de devoir repartir, déconcerté ; l'endroit a gardé le nom de Camp d'Henri (Campo di Arrigo). Mais à présent, avec les Espagnols et leur redoutable allié Médicis, le pape Clément, le Jugement dernier était bel et bien arrivé. C'était le dernier acte, le moment ultime, longtemps retardé, de l'histoire florentine. Les dernières pièces de monnaie émises par la République furent de magnifiques ducats d'or, et des demi-ducats d'argent, frappés au cours du siège avec les ornements et ustensiles domestiques donnés par les citoyens, et les vases sacrés des églises. Au lieu de l'effigie habituelle de saint Jean-Baptiste, la pièce d'or portait sur une face la croix du peuple, et sur l'autre une inscription, «*Jesus Rex Noster et Deus Noster*». Elles servirent à payer les soldats.

La République qui tomba aux mains des Espagnols, qui la prirent pour le compte du pape Clément, n'était pas une démocratie, au sens contemporain du mot (les classes laborieuses n'avaient pas le droit de vote et, jusqu'à la fin du Siège, n'eurent pas le droit de porter des armes), et depuis Cosme l'Ancien, elle avait été régulièrement, quoique par éclipses, gouvernée par les Médicis, tout en gardant les apparences et les institutions d'un État libre. Quand Alexandre, le bâtard, mis au pouvoir par son père présumé, le Pape, l'année qui suivit le siège, reçut le titre illégitime de duc de la République florentine, cela put apparaître comme une nouvelle manière d'appeler une chose ancienne. Mais, en réalité, il n'en était rien. Cette nouvelle dénomination annonçait un changement de système ; le pouvoir ne résidait plus entre les mains des électeurs, qui avaient fait preuve d'un héroïsme épique pour défendre les libertés, suscitant l'admiration du monde entier, et avaient découvert que cet héroïsme ne pesait rien dans la balance cynique des affaires du monde ; le roi de France, les Vénitiens, le duc de Ferrare, Henry VIII d'Angleterre – tous avaient regardé ce qui se passait, et personne n'avait seulement levé le petit doigt pour leur venir en aide. La volonté populaire, avec ses caprices, qui avait parfois toléré les Médicis, et les avait parfois chassés du pouvoir, détruisant leurs statues et effaçant leurs emblèmes, avait perdu sa souveraineté ; l'assassinat d'Alexandre par Lorenzino, six ans après la prise de pouvoir du tyran, se révéla parfaitement vain ; personne ne savait que faire de cette occasion, si inopportunément offerte, de reconquérir la liberté. L'habituel mouvement d'opinion qui suit d'ordinaire de telles actions ne se manifesta pas. On y vit un acte théâtral, historique, dans le goût de la Renaissance, et non un acte politique. Alfred de Musset a parfaitement compris cela, qu'il exprime dans *Lorenzaccio*, où il fait dire à Lorenzino (« accio » étant un diminutif péjoratif) : « Une statue qui descendrait de son piédestal pour marcher parmi les hommes sur la place publique serait peut-être semblable à ce que j'étais le jour où j'ai commencé à vivre avec cette idée : il faut que je sois un Brutus. » Le crime perpétré, le futur Cosme Ier, alors jeune homme de condition modeste, accepta, sans se faire prier, le poste laissé vacant par son parent éloigné. Lui-même s'érigea en monarque absolu, dirigeant d'une nation souveraine, comme la France, l'Angleterre ou l'Espagne et, ayant vaincu Sienne (ce qui n'avait rien d'un exploit), extorqua au Pape le titre de grand-duc de Toscane. Dorénavant, Florence, en tant qu'entité politique, cessait d'exister.

Mais les poses conquérantes de Cosme se révélaient plus crédibles sous forme de statue que dans la réalité, où il dut apparaître comme un piètre acteur sur la scène du monde, qu'occupaient François Ier,

Henry VIII et Charles Quint, dont il épousa la fille du vice-roi, et qui ne cessait de lui soutirer de l'argent. Il obtint son titre, si important pour lui, en livrant au Pape le réformateur protestant Carnesecchi, un familier de sa demeure, qui fut décapité et brûlé, malgré les protestations de Cosme, sur le Campo dei Fiori, à Rome. À l'époque où il prit le pouvoir, la réelle souveraineté de la Toscane, et de presque toute la péninsule italienne, était passée aux mains des étrangers. Jusqu'à l'unification de l'Italie, en 1860, le grand-duché serait gouverné, non selon le vœu de ses sujets, mais selon celui des dirigeants de l'Europe qui, la lignée des Médicis éteinte, l'octroieraient à la Maison de Lorraine, c'est-à-dire aux Autrichiens.

Les grands-ducs qui succédèrent à Cosme ne méritent guère l'appellation de tyrans. C'étaient plutôt des propriétaires paresseux, avec les vertus éventuelles et les divers vices attachés à la race ; leurs locataires, nombreux et misérables, faisaient office de claque pour leurs festivités monotones, coûteuses et sans inspiration. Si quelques-uns furent des hommes éclairés, la majorité d'entre eux se révélèrent cupides, mesquins, dissolus, paresseux, faibles, sots, provinciaux, bigots, ou encore absents, comme François de Lorraine, mari de l'impératrice Marie-Thérèse. Les Autrichiens, une fois installés en Toscane, se montrèrent encore les plus valeureux. Ils firent assécher la Maremme, marécage côtier qui s'étendait de Pise à Grosseto, région déserte, inculte et frappée de malaria depuis l'époque des Romains ; ils encouragèrent l'agriculture, et entreprirent des réformes économiques. Avec les Autrichiens, la Toscane commença un peu de sortir de sa torpeur décadente. Les querelles maritales, la bigoterie (sous Cosme III, les boutiques demeuraient fermées la moitié de l'année, à cause du nombre de jours fériés décrétés par le souverain hypocrite, qui était également un fameux persécuteur de juifs), la noce crapuleuse, et une série de jeunes «favoris» avaient marqué le règne des derniers Médicis, qui se rachetèrent essentiellement (la tradition disparut même chez les derniers d'entre eux) en encourageant les sciences naturelles. Un des grands-ducs, Ferdinand II, élève de Galilée, fit construire un thermomètre à liquide, et son frère, le cardinal Léopold, également élève de Galilée, devait fonder l'Accademia del Cimento – ce qui signifie «essai», «épreuve» ou «risque», en un mot, «expérimentation» –, première académie d'Europe à effectuer des recherches en physique expérimentale. Sa collection, à l'origine au Palazzo Pitti et aujourd'hui installée au musée de l'Histoire des sciences, renferme non seulement le télescope de Galilée et la lentille au travers de laquelle il distinguait les satellites de Jupiter – les «planètes des Médicis» – mais également, dans une urne de verre, le troisième doigt de sa main droite.

Le goût des derniers Médicis les portait vers ce genre de curiosités. Leurs architectes étaient demeurés fidèles à l'ancienne manière de bâtir, de sorte que même une forteresse comme le Belvédère, sentinelle marron et crème, avec une horloge sertie dans son fronton et des fenêtres bien marquées, surveille la ville, semblable à une simple ferme fortifiée; mais les intérieurs et les jardins reflètent le goût réel de leur propriétaire et de la société grand-ducale dans laquelle ils évoluaient – le goût du bizarre, de l'extravagant, monstruosités affectées de la Nature, immenses statues blanches qui évoquent les bouteilles de lait et les cornets de glace découpés, gigantesques, des panneaux publicitaires américains, ou le Bibendum de Michelin, hideuses fantaisies rocaille, coquilles Saint-Jacques et topiaires torturées, chiens de pierre grandeur nature installés comme ornements des murets et des pelouses, anticipant sur le cerf victorien, grottes et cavernes, avec fausses stalactites et stalagmites, arbustes « rares », malachite, porphyre, albâtre et calcédoine. Les voyageurs anglais du XVIIIe siècle, comme Addison et John Evelyn, étaient fort impressionnés par les zoos grands-ducaux (il en aurait apparemment existé deux, voire trois, un près du « beffroi », un autre non loin du Palazzo Strozzi, et peut-être un dernier près de la Santissima Annunziata), et les jardins des grands-ducs et de leur cour présentent souvent un caractère zoomorphique, évoquant un rhinocéros ou un hippopotame. Les célèbres *Orti Oricellari*, par exemple, où avait été transférée l'Académie platonicienne et où Machiavel aurait fait une lecture publique de ses *Discours*, possèdent une immense statue du cyclope Polyphème, la grotte du géant renfermant toute une famille de cyclopes, des stalactites factices, une énorme imitation du Panthéon, avec de fausses sépultures classiques d'académiciens, et une fausse nécropole. Apparurent dans les collines de Toscane de laborieuses imitations des curiosités de la nature, et des personnifications abstraites : la Villa Medici della Petraia, à Castello, possède dans son jardin une fontaine de bronze représentant Florence, qui fait jaillir l'eau en tordant ses cheveux, tandis que la Villa di Castello, autre propriété des Médicis, juste à côté, possède une grotte avec des stalactites, des animaux de bronze et un bassin de poissons orné d'une gigantesque statue qui portait le nom d'*Appenins*. Dans la collection de l'Accademia del Cimento, on peut voir des thermomètres médicaux en forme de tortue.

Dans la Villa Ambrogiana, près d'Empoli, Cosme III, selon le témoignage d'un autre voyageur, possédait une collection de tableaux spécialement réalisés pour lui par « un des meilleurs artistes de

Florence », et représentant de manière extrêmement réaliste une centaine de spécimens d'animaux rares, « quadrupèdes et animaux volants », parmi lesquels des veaux à deux têtes, « avec leurs dates et lieux de naissance, ainsi que leur durée de vie » ; il y avait également des « portraits » *(« ritratti »)* de fruits géants et des « portraits » d'arbres colossaux. Cette galerie de monstres, destinée à perpétuer la mémoire du Grand-Duc, semble avoir disparu, et la villa a été transformée en asile pour criminels psychopathes.

Le goût vulgaire en matière de décoration, ce goût que l'on appelle aujourd'hui « petit-bourgeois », semble provenir tout droit de la Toscane du temps des grands-ducs Médicis. Du Cinquecento florentin, avec son extrême savoir-faire, son habileté dans l'art mineur de l'imitation, a jailli un torrent de mauvais goût, qui n'est toujours pas tari. L'intérieur de leurs palais et de leurs villas est d'une laideur somptueuse, oppressante, et l'on a quelque peine à imaginer qu'ils sont contemporains du classicisme de Palladio, en Vénétie. Mais en visitant ces villas, on se croirait, par quelque bond dans le temps si caractéristique de Florence, soudain transporté à l'ère victorienne, ou à l'époque du président McKinley ; si les chopes à bière en forme de bonhomme et les baromètres suisses avaient alors existé, les grands-ducs les auraient certainement collectionnés.

Cet abandon de toute réserve dans les arts mineurs de la décoration se situe à l'époque de Cosme Ier, et a, sans aucun doute, une signification politique – rejet de l'échelle humaine (ce qui revient à refuser les audiences) et proclamation d'une licence totale par la famille régnante et ses sycophantes. Et c'est à cette époque précisément, bien que les signes avant-coureurs eussent été nombreux, que s'effondrent les arts majeurs – excepté l'architecture. Le Cinquecento florentin qui promettait d'être, à ses débuts, le siècle le plus audacieux qui fût, sombrait tout à coup dans le provincialisme, et un coup d'œil rapide jeté à la Venise de cette époque, où régnaient Titien, Véronèse, Lotto et le Tintoret, ne peut, en comparaison, qu'éveiller une certaine morosité. Les raisons en sont nombreuses. Sans en être la cause, l'accession au pouvoir de Cosme constitue en soi un symptôme de cet épuisement visible dans la peinture et la sculpture florentines.

Les dernières années de la République avaient vu les débuts de la grande Diaspora des artistes florentins. De tout temps, ceux-ci avaient parcouru l'Italie, pour leurs études ou pour exécuter des commandes. Giotto, Uccello, Masaccio, Fra Angelico, Andrea del Castagno, Brunelleschi, Donatello, Verrochio avaient ainsi voyagé. Michelozzo avait accompagné Cosme l'Ancien dans son exil ; Masolino, après avoir travaillé à Rome et à Venise, était parti pour la Hongrie, tout comme le Gros Menuisier. Mais ce n'étaient là que voyages d'affaires, absences momentanées, et le travail entrepris par les artistes florentins à l'étranger était l'équivalent de ces succursales que les banques florentines avaient ouvertes en France, en Angleterre, à Rome, à Venise et dans les Flandres ; la maison mère demeurait à Florence, dans les ateliers des petites rues entourant le Dôme et du vieux quartier de Santa Croce. De jeunes artistes de l'extérieur – Piero della Francesca, de Borgo San Sepolcro, dans la province d'Arezzo, Raphaël, d'Urbino, Jacopo Bellini, fondateur de l'école vénitienne, le Pérugin, de Pérouse – venaient apprendre ici la « manière » florentine. Luca Signorelli, de Cortone, outrepassant la douceur ombrienne à laquelle il avait été formé, devenait à Florence un peintre épique, représentant des femmes massives aux allures de Déméter et des héros nus, tel Myrmidon – tyran dans la noble tradition florentine de la querelle et de la lutte. Florence tirait son enseignement d'elle-même, et le reproduisait : le jeune Michel-Ange réalisait des dessins des Giotto de Santa Croce, et des Masaccio du Carmine ; Léonard de Vinci se serait inspiré de la *Cène* de Ghirlandaio, dans le réfectoire du monastère d'Ognissanti.

Cependant, quelque chose de nouveau s'annonçait, un phénomène inédit – l'émigration des talents –, inauguré par Léonard de Vinci, précurseur en cela comme en tout. Arrivé jeune à Florence, il en partit jeune, y revint pour un bref séjour, durant lequel il réalisa sa *Mona Lisa*, puis se rendit en France, à la cour du roi, qui le convia à demeurer dans son château, où il fut traité comme l'hôte du souverain, et ce jusqu'à sa mort. Un à un, les autres artistes devaient suivre son exemple. Michel-Ange s'installa à Rome. Les sculpteurs Pietro Torrigiani et Rovezzano s'expatrièrent en Angleterre. Jacopo Sansovino partit pour Venise. Le peintre connu sous le nom de Rosso Fiorentino, pour Fontainebleau. À l'étranger (et c'est un fait que souligne Vasari dans sa biographie de Rosso Fiorentino), ils vivaient comme des rois, ou comme des *signori*, et c'est à l'étranger qu'ils moururent. Lorsque Michel-Ange quitta définitivement Florence, en 1534, quatre ans après le siège, il ne demeurait plus dans la ville qu'un seul peintre de quelque importance – Jacopo Pontormo, le fou.

Vasari ne prend guère de gants, quand il explique les raisons qu'avait Rosso Fiorentino de partir : *« ... e torsi, come diceva egli, a una certa miseria e povertà, nella quale si stanno gli uomini che lavorano in Toscana e ne' paesi dove sono nati. »* (« ... pour s'élever, comme il le disait, de cette misère et de cette pauvreté qui sont le lot commun de ceux qui travaillent en Toscane et dans leur pays de naissance. ») De nouveau, apparaît l'avarice, la ladrerie toscane, qui refusera à un peintre né sur son sol les moyens d'une vie décente. À cette époque, en outre, les temps étaient particulièrement difficiles. C'est en 1530 que Rosso Fiorentino quitta l'Italie pour tenter sa chance en France. Peu auparavant, durant le siège, Cellini avait déserté la garde nationale florentine pour rejoindre Rome, où il travailla pour le pape Clément ; Bandinelli, le tâcheron, s'était enfui à Lucques, où s'étaient réfugiés les Médicis, abandonnant derrière lui un bloc de marbre inachevé. Dans les dernières années de la République, comme le prouvent les relevés de l'époque, les principales commandes privées venaient des Médicis et de leurs protégés, parmi lesquels les moines servites de la Santissima Annunziata, leurs porte-parole, qui avaient demandé, pour leur atrium, des fresques aux peintres alors en vogue – Andrea del Sarto, Rosso Fiorentino, Pontormo et Franciabigio – et un nouveau porche, commencé par Antonio da Sangallo, avec les clefs papales de Léon X croisées au-dessus de l'entrée. (Grâce à la largesse des Médicis, cette église, avec sa tribune de Leon-Battista Alberti et sa décoration baroque, est si riche qu'elle ne paraît guère florentine ; elle est demeurée la plus chic de Florence, prisée par l'aristocratie pour les mariages et funérailles, réunions mondaines pour lesquelles on envoie des invitations.) Les Médicis chassés pour la dernière fois, en 1527, leur mécénat devait s'éteindre avec eux.

Les années qui s'écoulèrent entre l'exécution de Savonarole et le siège furent des années d'incertitude et d'inquiétude pour tous les Florentins – artistes et citoyens, papes et banquiers. Léon X aurait été hanté, sur son lit de mort, par le sac de Prato qu'il avait lui-même avalisé. Tandis que les soldats allemands, avides de *Geld*, mettaient Rome au pillage, Clément VII était prisonnier au Castel Sant'Angelo, d'où il devait s'échapper pour rejoindre Orvieto ;

depuis le Moyen Âge, jamais pape n'avait subi une telle indignité. À la même époque, Henry VIII d'Angleterre le harcelait pour obtenir le divorce. De nouveau, l'Italie était livrée aux « *barbari* » et, avec eux, apparaissait une autre résurgence médiévale, la peste qui, en 1527-1528, devait tuer trente mille personnes à Florence et dans ses faubourgs (soit un quart de la population), et le double dans le *contado*. Le gonfalonier Niccolò Capponi, fils du célèbre Capponi, étant demeuré en ville au cours de l'épidémie, alors que presque tous les gens aisés avaient fui, fut bientôt jugé pour haute trahison, soupçonné d'avoir comploté avec le pape. Le désespoir et l'espoir sans cesse renouvelé d'un miracle étaient la réponse à ces volte-face incessantes de la chose publique et des heurs et malheurs privés, et Guicciardini exprimait fort bien la philosophie résignée de cette nouvelle période sombre qui semblait s'annoncer, quand il disait que, pensant aux infinies vicissitudes auxquelles l'être humain était soumis, il s'émerveillait devant un vieillard ou une bonne récolte.

Ce crépuscule sinistre sonnait l'heure des historiens, des bilans, des inventaires amers. À cette époque, le génie littéraire florentin s'attaqua à l'histoire, comme si le pressentiment existait que le souvenir de tous les exploits passés disparaîtrait avec la structure sociale, si l'on ne les recensait pas soigneusement. Ces écrits, œuvres de Guicciardini, Machiavel, et un peu plus tard de Segni et Varchi, évoquent souvent quelque message enfermé dans un vaisseau temporel, comme une bouteille à la mer : chaque écrivain, comme s'il devait être le dernier à s'en souvenir, répète l'histoire des actes et paroles des Florentins, en commençant généralement à la fondation de la cité.

Après la dernière expulsion des Médicis, Florence avait été la proie d'une sorte de tyrannophobie. On voyait s'agiter des groupes de jeunes épurateurs, qui mettaient en cause la loyauté de vénérables officiels qui avaient été élus, et s'en prenaient aux œuvres d'art. Une coutume consistait à garder des statues de cire des notables morts et vivants, dans l'église de Santa Annunziata où, lors de certaines fêtes, on les exposait devant le couvent, parées de costumes somptueux ; un matin de 1528, un groupe de vandales masqués pénétra dans l'église et détruisit les effigies de deux papes Médicis, de Laurent le Magnifique, et d'autres membres illustres de la famille ; on traita les morceaux brisés comme si l'église était une latrine publique. Cela était déjà arrivé une fois, au cours de l'interrègne qui avait suivi le sac de Prato. Par décret, les armes des Médicis furent ôtées des églises et des demeures privées, et l'on suggéra de détruire leur palais. L'épitaphe de Cosme l'Ancien, à San Lorenzo, fut modifiée, faisant de lui un *Tyrannus*, et non plus le *Pater Patriae*. Michel-Ange proposa de réaliser un *Samson écrasant un Philistin* pour une place publique, comme symbole républicain, mais (signe des temps nouveaux) il était trop occupé à peindre une *Léda* pour le duc de Ferrare. Et enfin, durant le siège, des portraits de criminels pendus réapparurent sur les murs de la Mercanzia, Piazza della Signoria, dus à Andrea del Sarto, mais exécutés durant la nuit à cause de la honte qui s'attachait à ce travail ; ceux-ci n'étaient plus, hélas, entre les mains de la République, mais avaient quitté la ville, passant à l'ennemi. Tout au long du siège, ces curieux exemples de fresques punitives, dont on disait qu'elles étaient extrêmement ressemblantes, fleurirent la nuit, sur le Bargello, Andrea travaillant sous le nom de ses élèves. Un certain Ghiberti, descendant du grand sculpteur qui avait réalisé les *Portes du paradis*, peignit un panneau pour le poste de commandement militaire, le Lion d'Or, dans la Via

Larga, montrant Clément VII vêtu de sa tenue papale et de la mitre, au pied de la potence.

Andrea del Sarto, mort en 1531, était le principal représentant florentin de la *bella maniera* de Raphaël, c'est-à-dire d'un « classicisme » idéal, déjà quelque peu sucré, stéréotypé, qui s'épanouissait à Rome. Son chef-d'œuvre, une *Cène*, au monastère de San Salvi, non loin du Campo di Arrigo, fut épargné durant le siège par une escouade d'ouvriers florentins, envoyés pour démolir tous les bâtiments dans un rayon de mille cinq cent mètres autour des remparts (afin que les assiégeants ne puissent les utiliser), épargné, dit-on, par un sentiment artistique qui refusait de détruire une œuvre si belle, tout juste sortie des mains du peintre. La « Perfection » d'Andrea, qui nous paraît aujourd'hui ennuyeuse, académique, gardait heureusement quelque chose du naturalisme florentin, de cette qualité de vérité dont faisaient montre les portraits aux murs de la Mercanzia et du Bargello. Mais dans les années précédant immédiatement le siège, devait apparaître, en réaction contre Andrea, ce mouvement particulier appelé maniérisme, qui s'écartait également de la Nature et des notions idéales de perfection. La peinture « anti-naturelle » des premiers Maniéristes – Pontormo et Rosso Fiorentino – devait susciter les sarcasmes de Cellini et l'inquiétude de Vasari. Celui-ci parle de *« bizzarrie »* et de poses singulières *(« stravaganti »)*, de *« certi stravolgimenti ed attitudini molto strane »*. Le maniérisme florentin, à ses débuts, peut être qualifié de premier art moderne, en ce sens qu'il était incompréhensible pour ses contemporains, qui cherchaient vainement le sens de ce qui leur paraissait être une violation délibérée des canons admis de la beauté.

Jusqu'à Pontormo et Rosso Fiorentino avait existé un accord général, et pas seulement réservé à une élite, sur ce qui faisait la beauté et la laideur, et en cela, le jugement des citoyens florentins était considéré comme la mesure suprême. Leur goût pour la nouveauté avait empêché cet accord de tourner à une forme de philistinisme – personne ne se plaignait de ce que Giotto fût différent de Cimabue, ou que Brunelleschi eût altéré le projet d'Arnolfo. Cette capacité d'acceptation, cette mobilité d'esprit, constituaient le dénominateur commun entre l'artiste et son public. Lorsque Michel-Ange parlait de « cage à grillons », chacun voyait de quoi il parlait, et de quoi parlait Cellini quand il disait que le *Hercule et Cacus* de Bandinelli (exécuté, après le retour des Médicis, dans le bloc de marbre que Michel-Ange devait utiliser pour un *Samson*) ressemblait à un gros sac de melons appuyé contre un mur. Une plaisanterie prouve que tout le monde voit la chose du même regard. Les maniéristes furent les premiers à exiger un regard autre, une volonté de compréhension de la part du public. Avec Pontormo et Rosso Fiorentino, pour la première fois face à une œuvre d'art, se pose cette question : « Qu'est-ce que cela peut bien signifier ? » Et aujourd'hui encore, le visiteur de la Galerie des Offices qui n'a pas été préparé par quelque lecture et quelques sérieuses leçons de théorie et de critique se demandera, dans les salles consacrées aux maniéristes, ce que l'on pouvait, ou peut bien voir dans cet art, avec ces personnages extravagants prenant de « drôles » de poses dans des vêtements de couleurs violentes.

Dans leur vie personnelle, Pontormo et Rosso Fiorentino étaient tous deux « perturbés », pour employer le jargon psychiatrique contemporain. Pontormo était un reclus dans la tradition d'Uccello et de Piero di Cosimo – un solitaire, un hypocondriaque qui vivait dans une étrange demeure, tout en hauteur, qu'il s'était fait construire *(« cera di casamento da uomo fantastico e solitario »)*, avec une pièce au dernier étage, dans laquelle il dormait et travaillait parfois, et que l'on ne pouvait atteindre que de la rue, avec une échelle qu'il tirait derrière lui grâce à une poulie, de sorte que nul ne pouvait venir le distraire. Il lui arrivait souvent de ne pas répondre quand des amis frappaient à la porte, en bas. « Bronzino et Daniello sont venus frapper ; je ne sais pas ce qu'ils voulaient. » Il n'était pas marié et, âgé, adopta un bébé de l'orphelinat des Innocenti, avec lequel il eut les pires difficultés, l'enfant refusant de rester à la maison avec lui, ou s'enfermant dans sa chambre et refusant toute nourriture. Son journal, qu'il tint durant les trois dernières années de sa vie, témoigne de l'attention maniaque qu'il portait à son estomac, ses reins, ses intestins, et détaille laborieusement ses repas solitaires et frugaux. « Dîné de deux cent cinquante grammes de pain, de chou et de salade de betteraves. » « Pour le dîner, une grappe de raisin, rien d'autre. » « Un "poisson" d'œufs (*frittata* en forme de poisson), cent cinquante grammes de pain, et quelques figues sèches. » L'écrivain Bocchi rapporte que Pontormo était « excessivement mélancolique, et gardait des cadavres dans des auges remplies d'eau pour qu'ils gonflent », cela pour les étudier en vue du *Déluge* qu'il réalisait pour San Lorenzo ; tout le voisinage en était empuanti. Vasari, au contraire, dit qu'il avait une peur morbide de la mort, et ne pouvait supporter qu'on en parle, ou de voir un cadavre transporté dans la rue. Durant l'épidémie de peste, il se réfugia chez les moines de la Certosa, à Galluzzo. Rosso Fiorentino, aussi appelé le Rosso (à cause de son teint rubicond), avait pour habitude de déterrer des cadavres dans le cimetière d'Arezzo, afin d'étudier les effets de la décomposition. À Florence, il demeurait Borgo dei Tintori, avec un babouin qu'il avait dressé à lui rendre de menus services. Selon Vasari, il se serait suicidé à Fontainebleau, mais les spécialistes réfutent aujourd'hui cette hypothèse.

Des deux, Pontormo était, sans conteste, le plus grand artiste. Son idylle, dans une atmosphère de fin d'été, *Vertumne et Pomone*, réalisée pour la grande salle ensoleillée, à l'étage, de Poggio a Caïano, la villa préférée de Laurent le Magnifique, est empreinte d'une extrême fraîcheur bucolique, comme peu de peintres ont su l'exprimer ; elle est légère, gracieuse comme un tableau vénitien du XVIIIe siècle, et cependant aussi forte dans sa composition qu'un Michel-Ange. En haut, deux *putti* nus chevauchent l'œil-de-bœuf central, soutenu par des branches de laurier, et deux autres, en bas, se tiennent à califourchon sur un mur. Des branches, des feuilles délicates jaillissent, évoquant dans leur mouvement une balançoire. Un groupe de jeunes paysannes, un jeune garçon nu, un vieillard avec un panier, un jeune homme en justaucorps et un chien ont fait halte pour se reposer là, comme au bord d'une route, s'installant sur un muret de pierre qui fait comme une estrade, une scène dans le tableau, coupant transversalement le demi-cercle de la lunette. Les paysannes (qui sont en fait des déesses) portent des robes d'été décolletées à manches bouffantes, et des fichus blancs. L'une d'elles, ayant relevé sa jupe rouge, laisse pendre son pied blanc et nu par-dessus ce muret, sur lequel elle est assise. Une autre porte un bonnet bleu pâle, comme chez Vermeer ; elle regarde pardessus son épaule, comme chez Vermeer encore, vers la pièce ; ses manches sont relevées et elle soulève sa jolie hanche, ses pieds et jambes nus, jaillissant de sa robe d'un mauve clair. La dernière, la plus belle des trois, avec un nœud violet dans son chignon noir, se tient à demi allongée, appuyée sur un coude, regardant droit devant elle ; elle porte une robe vert olive à manches violettes, et écarte son bras libre, tendu, bronzé, en un mouvement charmant et un peu maladroit, comme si elle cherchait à se maintenir en équilibre. De l'autre côté de l'œil-de-bœuf, le jeune garçon nu, hâlé par le soleil, lève le bras en arrière comme s'il jouait à la balle. Le vieux dieu Vertumne, lui, se tient accroupi à côté de son panier, tel un paysan ou un mendiant vêtu de brun. Le jeune homme près de lui porte une tunique mauve et une chemise blanche à manches bouffantes. Rien ne pourrait mieux suggérer l'atmosphère d'une chaude fin d'après-midi d'été, sur le bord d'une route toscane, que ces jambes nues, ces fichus blancs, ces robes légèrement débraillées, ces jupes et ces manches retroussées, ce mélange insouciant de décence et de nudité, le jeu des couleurs nettes et fraîches contre la chair tiède, dans la demi-pénombre du laurier. C'est le pape Léon X qui a commandé cette fresque pour honorer la mémoire de son père, Laurent, et il émane d'elle le souffle de cette vie naturelle et paysanne de la villa, telle que l'a décrite Politien dans ses lettres et ses poèmes latins : les courses en famille à Pistoia, la fabrication du fromage, les mûres, les paons et les oies. Dans une veine toute différente, la *Crucifixion* de Pontormo (aujourd'hui au Belvédère), réalisée pour une chapelle en bordure de route, non loin de Castello, se révèle, avec ses larges volumes et sa simplicité tragique et austère, presque aussi superbe qu'un Masaccio.

À voir ces œuvres extraordinaires, personne ne pourrait imaginer que Pontormo ait eu l'esprit « dérangé », ni que, tout comme Rosso Fiorentino, il ait souffert de *« l'orrore dello spazio »*. C'est cependant la phobie de l'espace qui dictait, ou inspirait, la plupart de ses compositions, et celles de Rosso Fiorentino également, de manière encore plus nette. Face à un retable de Pontormo ou de Rosso

Fiorentino, la première réaction est un mouvement de rejet pur et simple, et de stupéfaction. Il n'y a là ni profondeur ni sens d'une dimension, et les personnages, comme les cadavres exhumés du cimetière, ont un regard fixe et fantomatique. L'espace a été désarticulé, et l'anatomie, n'obéissant plus aux lois des justes mesures, régresse vers une sorte d'anarchie gothique. Les bras sont devenus d'une longueur extraordinaire ; les têtes ont rétréci ; les mains et les pieds sont gigantesques, ou desséchés et réduits à la taille de serres ; les yeux sont de simples trous entourés de noir, ou blancs et révulsés, en extase. Les corps se tordent en d'étonnantes contorsions. La couleur hurle, fantasmagorique, jaillissant hors de la toile – verts et oranges agressifs, blancs lépreux, rouges incendiaires, violets discordants.

Le plus perturbant, cependant, dans ce *« primo manierismo fiorentino »*, demeure la présence d'une sorte de joliesse – une joliesse sirupeuse, mignarde, déjà désagréablement perceptible chez Andrea del Sarto, dont les groupes en extase religieuse ne sont souvent que trop « séraphiques », dans le style de ces vilaines cartes, avec une prière imprimée au verso, que l'on distribue dans les églises.

La couleur iridescente ou opaline qu'utilise Andrea pour obtenir un effet d'ombre et de lumière mystique deviendra la spécialité des maniéristes, qui étaient friands de ces moirures, que l'on ne trouve plus guère aujourd'hui que dans ce taffetas douteux qu'utilisent les couturières en chambre pour la première robe « de bal » de quelque adolescente disgracieuse – orange tournant au jaune, orange vif tournant au rouge, lavande tournant au rose. La palette de Rosso Fiorentino est plus voyante que celle de Pontormo. Dans sa *Madone sur le trône, avec les Saints* de la Galerie des Offices, les personnages principaux sont tous vêtus de tissu changeant.

La Madone porte une robe moirée dans les tons rosâtre et pourpre, avec des manches pêche ; saint Jean-Baptiste a une cape vert Nil et une toge mauve ; les épaules décharnées et nues, le cou étique de saint Jérôme émergent de ce que l'on pourrait appeler une étole de soirée, en taffetas d'un gris sombre irisé. Les mauves, pêches et pourpres se reflètent, comme un soleil couchant d'orage, sur la chair des personnages saints ; leurs mains semblables à des serres ont des doigts rouges et translucides, comme s'ils les exposaient devant le plein soleil, ou les flammes de l'enfer. Un Enfant minaudier, fardé, idiot, est posé dans le giron de la Madone. Ses orbites, celles de la Madone et des anges aux ailes rouges, sont cernées de noir, comme du mascara qui coule ; on dirait que leurs visages rougis, violacés, sont barbouillés, leurs traits flous ; tous les personnages apparaissent singulièrement agités, comme en proie à la folie – une bande de noceurs sous un lampadaire, à l'aube. D'autres peintures religieuses de Rosso Fiorentino, telle *Moïse défendant les filles de Jéthro*, également à la Galerie des Offices, expriment encore cette atmosphère à demi carnavalesque d'asile d'aliénés, ou de maison close lors d'une descente de police. Dans d'autres compositions croulantes de Rosso Fiorentino et de Pontormo, la pyramide de la Sainte Famille évoque un spectacle de cirque exécuté par une troupe d'acrobates en costumes étincelants, chancelant sur les épaules du Monsieur muscles qui supporte l'échafaudage.

Cette impression d'enfer, d'exhibition de foire que l'on ressent devant beaucoup de ces retables n'est pas fortuite, au moins dans le cas de Rosso Fiorentino. Vasari nous rapporte que, comme le peintre exécutait une toile pour le directeur de l'hôpital de Santa Maria Nuova, celui-ci, voyant l'esquisse à l'huile et prenant les saints pour des démons, le chassa immédiatement. Il poursuit en expliquant que, lorsqu'il réalisait une esquisse à l'huile, Rosso Fiorentino avait pour coutume de donner *« certe arie crudeli e disperate »* à ses personnages, qu'il adoucissait ensuite sur la toile achevée. Mais ces « airs cruels et désespérés » ne sont pas vraiment dissipés par les couleurs acidulées, ni par les sourires baveux de l'Enfant et des anges également sirupeux. *La Madone et les Harpies*, nom donné à un célèbre tableau d'Andrea del Sarto, car elle représente celle-ci dressée sur un piédestal sculpté fait de silhouettes de harpies, pourrait servir de titre générique à l'univers souterrain, malsain de Rosso Fiorentino.

Les Saintes Familles idéalisées, flanquées de moines en extase, ne constituaient guère le thème idéal pour un peintre qui vivait avec un babouin, et l'abominable fausseté qui émane, de manière évidente, de nombre d'œuvres post-raphaéliques de cette époque apparaît comme la conséquence d'une demande de plus en plus pressante du clergé d'une peinture spécifiquement « catholique » – un art fait de génuflexions, de chapelets égrenés et de concorde familiale. En une occasion, Rosso Fiorentino se révéla un peintre magnifique, quand il peignit sa *Déposition* de Volterra, dans laquelle sa phobie de l'espace coïncide avec le déséquilibre induit par l'événement peint pour produire une sorte de surréalisme strident : on voit des ectoplasmes blancs s'agiter sur une sorte de grille insensée faite d'échelles et de croix, dans un espace vide.

Dans sa *Déposition*, à l'église Santa Felicita, Pontormo traite le sujet de manière tout à fait différente, et plus étrange encore. À cause de la pénombre de cette chapelle, il emploie des nuances pâles dignes d'un boudoir, qui évoquent des rubans et des couvre-lits de soie ; le corps inanimé du Christ, mou et pâle, porté par un groupe de personnages aux reflets nacrés, pourrait presque être la figure centrale d'une bacchanale de chiffons. Il n'y a pas trace de la croix, ni de quelque objet solide. Un pan de mousseline vert pâle traîne sur le sol, au premier plan, et le cortège funèbre est vêtu de rose dragée, orchidée, abricot mûr, bleu ciel, écarlate, pêche clair, mauve-rose, grenade, saumon iridescent (orange-kaki-jaune) et vert olive. Tous les personnages sont d'une féminité éthérée, à part un minuscule vieillard barbu, que l'on aperçoit dans un coin. Le cadavre du Christ, inerte, abandonné, est porté par deux pages efféminés, avec de grands yeux, des bras de satin lisse, de courtes boucles dorées et soyeuses, et des jambes blanches et bien prises; l'un d'eux porte un foulard, ou un ruban d'un bleu vif. Ce groupe asexué semble absolument détaché de ce qui vient de se passer; alors qu'ils vont charger leur fardeau sur leurs épaules, les porteurs détournent leur tête bouclée, comme pour prendre la pose, et celui de gauche, ses lèvres en cœur légèrement entrouvertes, a pris une expression de surprise charmante et touchante. La composition chorégraphique des teintes acidulées et harmonieuses, les mouvements flottants, les chairs blanches, éclatantes, appétissantes, procurent une impression étrangement morbide, comme si Cecil Beaton avait créé les costumes de ce ballet de requiem sur le Golgotha.

La capacité de provoquer des comparaisons incongrues est toujours une marque d'épuisement, en matière d'art, et les maniéristes florentins possèdent cette capacité au plus haut point. Le détachement de leurs personnages aux corps étirés, face à ce qu'ils font, et à tout sentiment de circonstance, pousse le spectateur à associer cette œuvre distanciée à l'univers des choses réelles, et il sera choqué, par exemple, en s'apercevant que la barbe taillée du Christ mort de la *Déposition* de Pontormo lui rappelle celle de Côme Ier. Le monde réel, mis à l'écart, réapparaît de façon déplaisante, déboulant là où il n'a rien à faire, charriant son fardeau de rappels et d'associations d'idées.

Il faut dire cependant à la décharge des maniéristes florentins qu'ils furent les premiers, là encore, à percevoir l'usure et la superficialité du Cinquecento. À ses débuts, le maniérisme florentin est avant tout une peinture nerveuse, contractée, tourmentée, agoraphobe, qui jette un coup d'œil inquiet par-dessus son épaule, émergeant, blanche, des ombres denses. Les tics de Pontormo et de Rosso Fiorentino annoncent le point de rupture. Ce sentiment de malaise, né à Florence, devait se répandre dans toute l'Italie – à Parme, Sienne, Venise et Rome. Mais les divers modes de peinture et de sculpture que l'on classe sous le nom de maniérisme, dans l'histoire de l'art – Beccafumi, le Parmesan, Michel-Ange, Bronzino, Allori, Vasari, Cellini, Giambologna, le Tintoret – ne possèdent guère que des similitudes d'apparence avec les compositions hurlantes, annonciatrices de désastres, de Pontormo et de Rosso Fiorentino.

À Florence, sous Cosme Ier, le second maniérisme, froid et formel, devint un art semi-officiel. Les ateliers florentins étaient plus actifs que jamais, grâce à la vanité toute Renaissance du Grand-Duc, encore plus grande, si possible, que sa mesquinerie. Souhaitant laisser derrière lui des monuments impérissables à la gloire de son règne, il s'adressa aux artistes disponibles : Vasari, Allori, Bronzino, Ghirlandaio, plus jeune, Franciabigio, Cellini (de retour de ses pérégrinations, et occupé à acheter des terres en Toscane), Bandinelli, Ammannati, Giambologna. Le vieux Pontormo lui-même, bien qu'il ne fût plus guère à la mode, reçut une commande, et le Grand-Duc, accompagné de la Grande-Duchesse, se rendit en personne à San Lorenzo pour voir comment le travail avançait. Ammannati agrandit le palais Pitti, et l'on traça le jardin Boboli, avec ses grottes, cavernes, stalactites, un lac artificiel et une île, et des avenues d'ilex – tout cela dans le nouveau goût « paysager » venu de l'étranger. Il commanda à des sculpteurs et à des peintres des portraits et des bustes de lui-même, de sa femme, de ses descendants et ancêtres lointains, ainsi que de ses père et mère. Il mit en compétition Ammannati et Cellini, pour le *Neptune* de la Piazza della Signoria, et autorisa ce dernier à travailler dans la Loggia dei Lanzi ; malheureusement pour la piazza, c'est Ammannati qui gagna le concours, car Cellini explique qu'il s'était empoisonné avec un *scodellino* de sauce, qui le laissa malade pendant près d'un an.

Cosme multiplia les commandes, dont il s'avéra extrêmement satisfait. Il était incapable de juger du talent des artistes et artisans qu'il employait ; la grande valeur qu'il attribuait à Vasari semble être due à la rapidité d'exécution de celui-ci. La *bella maniera* idéale, dans laquelle Vasari excellait, pouvait s'appliquer, comme une mécanique brevetée, à tous les sujets et à toutes les techniques, et Vasari était fier que l'art, avec sa génération, eût atteint un degré d'efficacité, de quasi-automatisme inimaginable par le passé. Les difficultés, les affres de la composition avaient presque été éliminées, ce qui apparaissait aux yeux de l'artiste et à ceux de son commanditaire comme un progrès d'une importance prodigieuse. Cette efficacité nouvellement acquise permettait à Vasari de dépasser toutes les normes existantes : il peignit à fresque l'intérieur du Dôme de Brunelleschi, remodela le Palazzo Vecchio de fond en comble, et exécuta d'autres fresques pour les salles les plus importantes ; il construisit la Galerie des Offices et trouva même le temps, au milieu d'autres commandes, de gâcher l'intérieur de Santa

Maria Novella et de Santa Croce, en installant de nouvelles chapelles et en éliminant bon nombre d'œuvres anciennes.

L'optimisme « panglossien » avec lequel Vasari s'attaquait à ces travaux était un produit de l'air du temps, et de cet esprit de clocher qui avait soudain saisi Florence, à présent très en retrait, bien qu'elle ne s'en rendît pas encore compte. Vasari était persuadé d'être au zénith, quand, en fait, lui et tous les Florentins qui avaient travaillé pour Cosme en étaient arrivés au nadir ; Cellini, seul, était un personnage d'importance universelle. Tous les autres constituaient « l'École de Florence », c'est-à-dire une sorte de préau où courent des enfants indifférenciés.

Cette fin, attristante, de l'histoire d'un grand peuple, se conclut sur un étrange épilogue. La peinture et la sculpture florentines ne devaient jamais se relever de leur effondrement, au milieu du XVIe siècle, et ce n'est qu'à l'époque du Risorgimento que Florence devint de nouveau, encore qu'à une petite échelle, un centre littéraire et politique, où se retrouvaient des historiens comme Gino Capponi et Bettino Ricasoli de Brolio (appelé le « baron de fer »), libéraux de longue lignée, et le Suisse G.P. Vieusseux, qui fonda la bibliothèque qui porte aujourd'hui son nom. Cependant, la ville ne devait pas mourir ou se pétrifier comme Mantoue, Ravenne, Sienne, ni se transformer en rêve, comme Venise. L'artisanat florentin, d'où étaient surgis les arts, devait survivre à cette ère du mauvais goût inaugurée par les grands-ducs, et au culte victorien du cuir repoussé et des terres cuites vernissées ; la tradition d'élégance austère, qui remonte à Brunelleschi, Michelozzo, Donatello, Pollaiuolo, s'est transmise au cordonnier et à la couturière, tout comme on peut retrouver la sage utilisation de l'espace, non dans l'architecture et l'urbanisme florentins d'aujourd'hui, mais dans le paysage agricole de la Toscane ; économie rurale idéale, où chaque arbre, chaque culture a sa « fonction », brise-vent, ombrage, support, maintien des terres, où les vignes serpentent comme de gracieuses frises parmi les troncs élagués des ormes, les figuiers et les oliviers.

Dans l'agriculture toscane, tout a non seulement sa fonction, mais aussi sa place déterminée ; un jardin, comme l'explique Édith Wharton dans son petit ouvrage consacré aux jardins italiens, se voit traité en Toscane comme une « maison » en plein air, divisée en *stanzoni* (grandes chambres) souvent étagées à différents niveaux : la « chambre » des citrons, la « chambre » des oranges, la « chambre » des camélias, etc. Il y a peut-être, dans cette netteté et cette précision si typiquement florentines, quelques scories de la scolastique médiévale, une évocation de l'architecture de l'Enfer de Dante, où chaque groupe est cloisonné dans sa propre classe et dans son propre cercle tout comme, à Florence, on trouve les poulets chez le *pollaiuolo*, la viande chez le *macellaio*, les légumes chez l'*ortolano*, le lait chez le *lattaio*, le fromage à la *pizzicheria*, le pain au *panificio*, système tombé en désuétude dans la plupart des villes italiennes, et dans lequel des produits contemporains, comme le papier-toilette, auraient quelque difficulté à trouver leur « chambre ».

Florence, cependant, n'est pas retardataire, mais d'un rationalisme extraordinaire. Les Florentins se considèrent, et sont considérés par les autres Italiens, comme les gens les plus civilisés d'Italie ; ainsi, le fermier toscan est-il considéré comme le plus avisé et le plus productif. *« Questi primitivi »*, ainsi parle le peuple toscan, non sans commisération, des ouvriers venus du Sud, de Sicile et de Sardaigne, qu'ils plaignent non seulement pour leur manque d'habileté manuelle, mais aussi parce que ces malheureux, n'ayant pas vécu au contact du *« Davide »* (surnom affectueux du *David* de Michel-Ange) et du *« cupolone »* (le dôme de Brunelleschi), ne comprennent rien aux *« cose dell'arte »*. Le niveau littéraire en Toscane est, de loin, le plus élevé d'Italie, et l'on pourra trouver la bonne à tout faire la plus modeste de Florence installée dans sa cuisine, occupée à éplucher les crimes et autres *« cose dell'arte »* dans le journal du matin.

Cette qualité appelée *« fiorentinità »* (et Florence est la seule ville italienne dont le nom ait tout naturellement donné un substantif se rapportant à une notion abstraite) est synonyme de goût, de qualité, comme « Paris » pour la France. Le monde entier l'associe aux chaussures, parapluies, sacs à main, bijoux, linge de maison, et les Ferragamo, Gucci, Buccellati, Emilia Bellini, firmes dont le siège se trouve Via de' Tornabuoni et Via della Vigna Nuova, avec leurs succursales à Rome, Milan, New York, évoquent de vagues réminiscences des anciennes familles financières des Peruzzi, Bardi ou Pazzi. La *« Fiorentinità »* est l'œuvre de l'ouvrier florentin en bleu de travail, et de ces entreprises de vieilles filles, telles les sœurs Materassi du roman d'Aldo Palazzeschi, avec leurs aiguilles, leurs ciseaux, leurs tambours à broder, et leur grosse servante Niobe. Si elle est le symbole de la civilisation et du raffinement, on ne peut cependant la dissocier des pauvres, et de leur manière de parler, de penser, et de voir, laquelle est toujours réaliste et empreinte du sens de la relativité des choses. Le discours florentin est truffé de diminutifs ; tout y devient un « petit » ceci ou cela, ce qui a pour effet, curieusement, de le déprécier tout en lui donnant une valeur. Les explétifs désuets (*« Accidenti ! »*, qui voudra dire à peu près « Dieu me damne ! », *« Diamine ! »*, « Diable ! », ou *« Per bacco ! »*, « Pas possible ! ») donnent une saveur paysanne à la langue florentine. *« Per cortesia »*, dans le langage populaire, précède généralement une demande de renseignement. Un *« pisolino »* (terme un peu humoristique, désignant un petit salut de la tête) est le mot généralement utilisé pour parler d'une petite sieste ; un verre d'eau chaude citronnée devient un *« canarino »* (un canari). La Nature se fait humaine, sous le regard des paysans ; dans la région de Florence, on appelle les deux sortes de cyprès, le mâle élancé et l'arbre femelle, plus trapu, « l'homme » et « la femme ».

La Florence d'aujourd'hui est une ville d'artisans, de fermiers et de professeurs, et chaque habitant possède en lui un peu de ceux-ci. D'une certaine manière, il n'existe pas de travailleur sans qualification, car chaque emploi a valeur de spécialité, avec sa qualité propre, sa dignité, et son statut – même le chômage. « Que faisait votre mari ? – *Era un disoccupato, signora.* » De la même manière, les riches oisifs, tels qu'on peut en rencontrer à Rome et à Venise, sont ici extrêmement rares, ce qui explique l'absence de vie nocturne. Il n'existe pas de *jeunesse dorée** ; les enfants des familles riches sont à l'université, et étudient le droit, l'archéologie, l'architecture, les sciences politiques.

Les Florentins d'aujourd'hui sont sans doute plus semblables à ce qu'ils étaient au Moyen Âge et aux débuts de la Renaissance qu'à toute autre période intermédiaire ; la renaissance de l'artisanat et de la petite industrie, et le retour aux institutions libres après le fascisme ne sont sans doute pas étrangers à cela. Ces Florentins éternels n'ont aucun besoin de considérer le passé d'un regard sentimental, car il est aussi proche, aussi quotidien pour eux que l'horloge

* En français dans le texte. *(N.d.T.)*

de la tour du Palazzo Vecchio, que la ménagère consulte, passant la tête par la fenêtre, pour minuter le temps de cuisson des spaghetti. Certes, les changements ont été nombreux, au cours de ces siècles, mais ils sont comparables à ceux qu'un homme observe au long de sa vie. Le régime de Pontormo, dans sa maison de fou, est presque exactement celui des Florentins d'aujourd'hui : viande bouillie, *frittata* d'œufs, poisson de l'Arno, choux, *minestra*, salade de betteraves, câpres, laitue, un peu de pain, cette salade amère appelée *radicchio*, soupe de pois, deux pommes au four, asperges aux œufs, *ricotta*, artichauts, cerises, melon (*popone*, en toscan), de petites prunes acides appelée *susine*, du raisin, un pigeonneau, trois sous d'amandes, figues sèches, fanes de betteraves au beurre, poulet. Eût-il vécu aujourd'hui, il aurait également mangé des haricots blancs avec du thon de l'île d'Elbe, les gros haricots que l'on appelle *mangia tutto*, des ravioli toscans (petits *gnocchi* verts à base de fane de betterave et de *ricotta*), du lapin, et les longs haricots que l'on appelle *serpenti*.

L'avantage de ce régime est d'être sain, et économique. Dans le *Souper chez Emmaüs* de Pontormo, on voit l'addition, ou ce qui semble être l'addition – un papier roulé, avec des chiffres inscrits – traîner sur le sol. Cette touche d'ironie est aussi typiquement florentine que le *radicchio* ou le *popone*. Le sens de l'économie des Florentins, que Dante qualifie d'avarice, est enraciné dans leur caractère, sans aucun doute accusé par la misère généralisée qui régnait durant l'ère des Médicis. Les fermiers sont, par nature, économes, et en tout Florentin, il y a un fermier qui lésine, épargne, fait durer. Lorsque Florence devint la capitale, au moment de l'unification de l'Italie, un journal romain publia un dessin montrant trois Florentins assis à table, avec un seul œuf dur posé au milieu. « Qu'allons-nous faire des restes ? » disait la légende. Tout le monde raconte ce genre d'histoire, à propos des Florentins, à commencer par eux-mêmes. Récemment, dans une station balnéaire luxueuse, au cours d'une vague de chaleur, tous les Florentins quittèrent l'hôtel, un matin. « Ils ont dû apprendre que la vague de chaleur était passée, à Florence ; quelqu'un leur aura envoyé une carte postale au tarif lent », fit remarquer un non-Florentin. Une dame habitant Fiesole était invitée par une comtesse florentine à passer la voir « quand cela vous chante ; si vous avez envie de faire pipi ». Pour la comtesse, cette invitation était le comble de l'hospitalité.

Les Florentins les plus pauvres achètent toujours les œufs, les cigarettes et les timbres à l'unité, en comptant leur monnaie, et le chou se vend par quartiers. Cette habitude de tout diviser soigneusement, de tout couper en tranches, est un instinct des Toscans que l'on retrouve dans la géographie même. La Toscane produit « un petit peu de tout », comme aiment à l'expliquer les Florentins : du fer, du fer-blanc, du cuivre, du zinc, du plomb, du marbre, des peaux, de l'huile, du blé, du maïs, du sucre, du lait, de la laine, du lin, du bois, des fruits, du poisson, de la viande, des volailles, et de l'eau. Ces petites quantités, intelligemment distribuées, signifiaient l'indépendance et l'autonomie ; c'était là, en somme, une preuve donnée par le Créateur de ce que la Toscane était un « royaume naturel », ou un univers modèle, parfaitement complet, qui pouvait survivre, comme dans quelque pacte de conte de fées, tant qu'on en déterminait les limites. Cette idée de la part légitime était, littéralement, enracinée dans le sol de Toscane depuis les débuts du Moyen Âge. La *mezzadria*, système de fermage (la moitié au métayer, la moitié au propriétaire), qui instaurait un partage équitable des récoltes, devait émanciper le paysan toscan avec des siècles d'avance sur le reste de l'Italie et de l'Europe. Cela, sans aucun doute, explique sa supériorité, son acuité d'esprit. De même, au XIIIe siècle, un code alors révolutionnaire était promulgué, concernant la gestion des mines et des gisements, à Massa Marittima, et dans la Maremme. La *mezzadria*, cela dit, qui s'est à présent répandue dans toute l'Italie, ne satisfait plus aujourd'hui le propriétaire ni le paysan ; elle n'est pas aussi équitable qu'il y paraît. Quoi qu'il en soit, elle fit de ce dernier un homme libre, et instilla en lui ces qualités de clairvoyance, de sens de l'épargne et de l'ordre que l'on ne trouve pas chez les serfs.

L'orgueil des Florentins, aussi proverbial que leur avarice, est particulièrement irritant pour les personnes matérialistes, car il ne semble fondé sur rien de concret, si ce n'est le passé, auquel les Florentins eux-mêmes semblent presque indifférents, quand ils ne le raillent pas avec un rire grinçant. De quoi donc peuvent-ils être si fiers ? Pas d'argent, pas de star de cinéma, pas de grosses affaires, aucun écrivain ou peintre « en vue », pas même une troupe d'opéra. Quelques critiques et professeurs – « œil aigu et langue acérée » –, ce qui était déjà, à la Renaissance, un résumé des Florentins.

En chaque Florentin, le professeur se fait critique, et c'est cet esprit critique qui est source de l'orgueil florentin. *« O signore, per noi tutti gli stranieri son ugualmente odiosi »*, déclarait sans ambages une manucure à Bernard Berenson, qui tentait de l'enrôler contre les Allemands, avant la Première Guerre mondiale. « Oh, Monsieur, pour nous, tous les étrangers sont également détestables. » *« Noi fiorentini »* – ces mots, si souvent entendus, agacent les nerfs de nombre d'étrangers, qui les prennent pour une vantardise. Mais ce n'est qu'une définition, une simple déclaration de leur identité, tout comme le commentaire de la manucure n'était nullement déplaisant, mais simplement explicatif.

Cette manucure était pauvre, et n'en avait pas honte. C'est là une particularité, la véritable originalité des Florentins dans le monde moderne, où la pauvreté est source d'humiliation, et le véritable orgueil, par opposition à la vanité, si rare. Florence est une ville de pauvres gens, et ceux qui ne le sont pas se sentent gênés, et tentent de le dissimuler. Professeurs, fermiers et artisans ont une chose en commun ; ils sont généralement à court d'argent, là, tout de suite. L'industriel du genre milanais, avec son portefeuille en crocodile déformé par les liasses, ou le spéculateur de type romain ne se rencontrent guère à Florence. Ici, l'aristocratie est une noblesse terrienne, préoccupée des récoltes et des pluies. Chaque vendredi, durant la saison, comtes et *marchesi* se retrouvent au Palazzo Vecchio, siège de l'administration agricole, pour négocier, troquer, échanger des informations, tout comme le font les paysans venus de la campagne, sur la place, en bas ; le mercredi, jour de marché à Sienne, les nobles florentins qui possèdent des vignes dans le Chianti ou le Val d'Elsa se rassemblent au Palazzo Communale, ou sur la place. Ces gens, quoi qu'ils puissent être par ailleurs – archivistes érudits, historiens amateurs, collectionneurs d'instruments scientifiques, fils de l'Église ou marchands d'automobiles – sont avant tout des fermiers, et leurs femmes également, qui se révèlent d'excellentes cuisinières, passent beaucoup de temps à discuter avec le *fattore* (le régisseur) et le comptable, ayant hérité de terres qu'elles gèrent elles-mêmes.

Somme toute, les actions et les titres comptent pour peu aux yeux des Florentins, qui ne croient qu'à la terre, c'est-à-dire à la propriété « concrète ».

Comme Michel-Ange et Cellini, les Florentins de toute qualité s'emploient activement à acquérir des biens fonciers : un petit appartement sera loué à des étrangers ; une ferme fournira à son propriétaire l'huile, le vin, les fruits et les fleurs pour la maison. Les familles aisées rentrent de leur week-end passé dans la propriété, leur *millecento* bondée de fleurs enveloppées dans des épaisseurs de papier journal humide, pour qu'elles durent jusqu'à la semaine suivante ; ainsi les pauvres qui vont en car rendre visite à des amis à la campagne. L'aristocratie est passionnée de chasse, et plus d'une élégante villa ancienne se voit transformée en pavillon de chasse, avec un garde vêtu de vert ; pêcher dans l'Arno et dans les rivières de montagne est un loisir dont raffolent les artisans et les cols-blancs, dont les cannes s'alignent chaque dimanche, courbées au-dessus de l'eau. Ces deux sports participent du même principe : tirer quelque chose, gratuitement, de la Nature.

Tout comme cette femme sage qui vivait sous le portique de la Santissima Annunziata et cousait de jolies pièces à ses vêtements, les Florentins contemporains sont extrêmement doués pour tous les travaux de réparation – repriser, rafistoler de vieilles choses pour les faire durer encore. La restauration d'œuvres d'art, qui est, en matière de réparation, la chose la plus délicate, la plus périlleuse, est un des artisanats les plus performants de la Florence moderne ; dans les ateliers et laboratoires de la Galerie des Offices, disséminés dans les vieux quartiers, arrivent tableaux et fresques, marbres et bois polychromes venus des églises de Florence et d'autres paroisses éloignées du *contado*, pour y être rendus à leur état originel, entre les spécialistes et professeurs florentins. La « manière » florentine, en restauration, moins radicale que la méthode allemande utilisée à Londres et à New York, est un des derniers émerveillements du monde de l'art ; les érudits et les historiens des universités anglaises et américaines, les critiques et les conservateurs viennent voir comment l'on opère. Pour eux, les ouvriers en blouse blanche, se penchant, tels des médecins, sur des œuvres sorties de leurs églises et cloîtres humides, ressuscitent l'ancienne Florence et ses ateliers autour du Dôme. Gravissant les échelles des échafaudages branlants, dans la chapelle des Bardi de Santa Croce, où l'on restaure les Giotto, les professeurs étrangers s'extasient sur le travail, et sur ce nouveau et « moderne » Giotto qui apparaît sous la couche de peinture du XIXe siècle – un Giotto resplendissant, transfiguré, ce que Ruskin ne savait pas, ayant voué toute son admiration, on ne le découvre qu'aujourd'hui, hélas, à l'œuvre d'un restaurateur du XIXe siècle, Bianchi, lequel avait complètement repeint le saint Louis de Toulouse, considéré par Ruskin comme le Giotto essentiel. Saint Louis de Toulouse a disparu, l'âge victorien a disparu, disparu, laissant pour toute relique un moine franciscain ironique, grosse tête des Belle Arti de Santa Croce, qui va et vient le long de l'échafaudage vacillant, soutenant, avec une pugnacité toute florentine, que l'on devrait repeindre les personnages manquants, « pour raison de piété ».

Ces Giotto de la chapelle des Bardi ont été quasiment ressuscités d'entre les morts, et les autres innovations de la Florence moderne de l'après-guerre – le nouveau musée du Belvédère, avec sa magnifique collection de fresques déposées et restaurées, et le nouveau pont de la Trinità dressé *com'era* – apparaissent comme de véritables miracles. La restauration d'une œuvre d'art est une sorte de Seconde Création. Il ne s'agit pourtant que d'un laborieux travail de réparation, pas fondamentalement différent du raccommodage de la mère de famille ou de la restauration de meubles des petits ateliers de l'Oltrarno. Autour de la pingrerie des Florentins, leur vice historique, se rassemblent les vertus locales : utilisation intelligente de l'espace, sens du concret, simplicité, économie, et retenue. Si Dédale, l'homme-oiseau, est leur patron, la Pauvreté leur fait escorte, comme la croix faite à la main de San Giovanni dei Fiorentini, qui le guide, lui, le précurseur, dans le désert.

Les deux écrivains modernes qui ont le mieux capté l'esprit de Florence sont Aldo Palazzeschi, dont *Les Sœurs Materassi* nous conte l'histoire de deux sœurs vieilles filles, qui ont une petite affaire de linge fin et de broderie, spécialisée dans les trousseaux et le linge de maison – on met de côté, pour l'avenir –, et dont les tiroirs sont bourrés d'anciennes parures de leurs tenues du dimanche (glands, franges, foulards, voilettes, petits cols vieux de quarante ou soixante ans, boléros, petites vestes à pampilles, peignes espagnols et épingles à cheveux en écaille de tortue), et Vasco Pratolini qui, dans sa *Chronique des pauvres amants*, nous parle des pauvres gens du quartier de Santa Croce : artisans, marchands des quatre-saisons, prostituées, et jeunes amants par centaines. Dans les petites rues de Santa Croce, les plus éloignées des élégants magasins de linge fin de la Via de' Tornabuoni, on perçoit deux sons typiques, lorsque la circulation se calme un instant, deux bruits qui *sont* la Florence moderne : le clac-clac d'une machine à coudre, et le tintement d'un vieux piano, sur lequel une jeune fille fait ses gammes.

TABLE DES MATIÈRES

Petite Bibliothèque Payot / Voyageurs

Edward Abbey, Désert solitaire / **228**
John James Audubon, Journal du Missouri / **142**
Gérard Badou, L'énigme de la Vénus Hottentote / **446**
Nicolas Baïkov, Dans les collines de Mandchourie / **380**
Nicolas Baïkov, Des tigres et des hommes / **435**
Nigel Barley, Un anthropologue en déroute / **176**
Nigel Barley, Le retour de l'anthropologue / **267**
Nigel Barley, L'anthropologie n'est pas un sport dangereux / **365**
Nigel Barley, L'anthropologue mène l'enquête / **438**
Jean-Michel Barrault, *Le Sacre* et *La Pensée* / **282**
Sybille Bedford, Visite à Don Otavio / **102**
Nicole-Lise Bernheim, Chambres d'ailleurs / **363**
Nicole-Lise Bernheim, Saisons japonaises / **424**
Alain Blottière, L'oasis / **210**
Jean-Claude Bourlès, Retours à Conques / **242**
Jean-Claude Bourlès, Le grand chemin de Compostelle / **341**
Jean-Claude Bourlès, Une Bretagne intérieure / **404**
Jean-Claude Bourlès, Passants de Compostelle / **406**
Nicolas Bouvier, Chronique japonaise / **53**
Nicolas Bouvier, L'usage du monde / **100**
Nicolas Bouvier, Journal d'Aran et d'autres lieux / **155**
Rupert Brooke, Lettres d'Amérique / **433**
Bill Bryson, Motel Blues / **260**
Bill Bryson, American Rigolos / **467**
Frank Bullen, La croisière du Cachalot / **147**
Robert Byron, Route d'Oxiane / **137**
Pino Cacucci, Poussières mexicaines / **307**
René Cagnat, La rumeur des steppes / **408**
B. Chovelon / C. Abbadie, La Chartreuse de Valldemosa / **412**
Jean Clair, Le voyageur égoïste / **364**
Jean Clausel, Indes / **372**
Jean-Luc Coatalem, Mission au Paraguay / **346**
Anita Conti, Géants des mers chaudes / **322**
Anita Conti, Racleurs d'océans / **339**
Anita Conti, L'océan, les bêtes et l'homme /**440**
Jules Crevaux, Le mendiant de l'Eldorado / **135**

Jacques Meunier / Anne-Marie Savarin, Le chant du *Silbaco* / **104**
Jacques Meunier, Les Gamins de Bogota / **397**
Geoffrey Moorhouse, Au bout de la peur / **188**
Présenté par Jean-Pierre Moreau,
Un flibustier français dans la mer des Antilles / **209**
Corinne Moutout, Aurores sud-africaines / **362**
John Muir, Voyages en Alaska / **235**
Bernard Nantet / Édith Ochs, À la découverte des Falasha / **351**
Eric Newby, Un petit tour dans l'Hindou Kouch / **90**
Tomás O'Crohan, L'homme des îles / **195**
Redmond O'Hanlon, Au cœur de Bornéo / **54**
Redmond O'Hanlon, Help ! / **146**
Jean-Michel Palmier, Retour à Berlin / **312**
Francis Parkman, La piste de l'Oregon / **153**
Passage du nord-est (Le) / **299**
Dmitri Pechkov / Thomas Stevens, La Russie à cheval / **429**
Jean-Pierre Péroncel-Hugoz, Villes du Sud / **131**
Odette du Puigaudeau, Grandeur des îles / **286**
Jean Rolin, La ligne de front / **96**
Jean Rolin, Journal de Gand aux Aléoutiennes / **244**
Jean Rolin, Chemins d'eau / **300**
Marie Rouanet, Balades des jours ordinaires / **403**
Pierre Savorgnan de Brazza, Au cœur de l'Afrique / **183**
Annemarie Schwarzenbach, La mort en Perse / **342**
Annemarie Schwarzenbach, Orient exils / **384**
Freya Stark, La vallée des Assassins / **321**
Fanny Stevenson, Le voyage de la Janet Nichol / **301**
Robert Louis Stevenson, Dans les mers du Sud / **248**
John M. Synge, Les îles Aran / **302**
Colin Thubron, Les Russes / **52**
Colin Thubron, Derrière la Grande Muraille / **118**
Gérard Toffin, Les tambours de Katmandou / **353**
Florence Trystram, Le procès des étoiles / **136**
Mark Twain, La vie sur le Mississippi, tome I / **91,** tome II / **105**
Mark Twain, À la dure, tome I / **170,** tome II / **171**
Mark Twain, Le voyage des innocents / **259**
Laurens Van der Post, Le monde perdu du Kalahari / **291**
Daniel Vaxelaire, Les chasseurs d'épices / **222**

Petite Bibliothèque Payot / Échecs

Impression réalisée sur CAMERON par

BUSSIÈRE CAMEDAN IMPRIMERIES

GROUPE CPI

à Saint-Amand-Montrond (Cher)
pour le compte des Éditions Payot & Rivages
en mars 2003

N° d'impression : 031295/1.
Dépôt légal : mars 2003.
Imprimé en France